KB038805

REBT 합리적 정서행동 코칭의 이해

Windy Dryden 저

박경애 감수 | 최승미 · 백지은 공역

Rational Emotive Behavioural Coaching

DISTINCTIVE FEATURES

학지사

Rational Emotive Behavioural Coaching: Distinctive Features
by Windy Dryden

역자 서문

상담, 심리치료 그리고 코칭

상담, 심리치료 그리고 코칭은 서로 비슷한 듯 다른 듯 명확하게 경계를 나누기 애매한 개념들이다. 해당 분야 전문가들은 바닷물과 민물처럼 이들을 구분하겠지만, 보통의 사람들에게는 바닷물이나 민물이 모두 물처럼 보이긴 매한가지이다. 아마도 상담, 심리치료 그리고 코칭의 경계 또한 이렇게 보일 가능성이 크다.

누구를 대상으로 어떤 목적과 방법으로 진행하는지 등을 따지며 상담과 심리치료, 코칭을 구분하기엔 여기 지면이 모자를 정도이나, 지금은 그런 자리가 아니니 넘어가도록 하자. 다만 바닷물과 민물이 물이라는 속성으로 한데 묶이듯, 상담, 심리치료 그리고 코칭 모두 '도움을 필요로 하는 사람들에게 전문적인 조력을 제공하여 보다 나은 삶을 영위하도록 돕는 활동'이라는 점에 방점이 있음을 강조하고 싶다. '보다 나은 삶'이 누군가에게는 '회복'으로, 또 누군가에게는

'치유' 혹은 '성장'으로 경험될 수 있으며, 그에 따라 어느 경우엔 상담이 될 수도, 심리치료나 코칭이 될 수도 있을 것이다. 무어라 불리든 이 모든 경험을 통해 개인의 삶은 이전과는 다른 새롭고 긍정적인 방향으로 흘러갈 것이며, 이러한 방향적 전환을 일으키는 전문적 개입이라는 점에서 상담, 심리치료 그리고 코칭은 많은 부분을 공유한 인접분야라고 할 수 있다.

이웃한 분야들끼리 서로의 이론이나 방법을 공유하고 절충, 통합하는 일은 흔히 있는 일로 심리학에 기반해 방대한 이론과 실무를 개발한 상담 및 심리치료 이론은 코칭 과정에 전문성을 더할 수 있는 토대가 된다. 특히 체계적인 연구 결과를 수반한 과학적 근거 기반 실무에 대한 요구가 상담 및 심리치료 분야를 넘어 코칭 분야로까지 확대되면서 이론적 역량을 더한 실무능력 계발에 대한 목소리 또한 커지고 있다.

'Coaching Distinctive Features' 시리즈는 영국의 루틀리지(Routledge) 출판사에서 2017년부터 출간한 7권의 코칭 이론과 실무에 대한 안내서로, 정신역동치료와 교류분석, 게슈탈트치료, 인지행동치료, 합리적 정서행동치료, 수용전념치료 등 주요 상담 이론 6개 각각에 기반한 코칭 이론과 실무방안을 제시하고 있다. 이 책은 윈디 드라이든(Windy Dryden)이 집필한 『합리적 정서행동 코칭(Rational Emotive Behavioural Coaching: REBC)』의 이론과 실제 파트를 번역한 책으로, 제목에서 알 수 있듯이 근거기반 치료 이론으로 각광받고 있는 합리적 정서행동치료(Rational Emotive Behavioural Therapy: REBT) 이론에 기반한 코칭 이론과 실무에 대한 내용을 담고 있다.

이 책은 크게 이론과 실행, 두 개의 파트로 구성되어 있는데, 이론 부분에 해당하는 1부에서는 총 10개의 장에 걸쳐 REBC에 대한 정의 및 인간관, 기본개념과 목적 · 목표의 설정, 그리고 REBC 코치에 적합한 코치와 피코치의 특성과 관계를 설명하고 있다. 실행에 해당하는 2부에서는 회기의 시작 방법부터 REBC 이론에 근거한 실제적인 문제, 정서 · 행동 문제에 대한 해결과 성장을 향한 목표 설정과 실행, 장애물에 대한 대처, 비합리적 사고를 중단하고 대안적 사고와 대처법을 개발하는 등 코칭 실무에 대해 20개의 장에 걸쳐 간결하게 제시하고 있다.

또한 이 책은 REBC 이론과 실행이라는 방대한 내용임에도 매우 간명하게 핵심적인 절차와 기법, 주의 사항을 일목요연하게 제시하고 있어 가독성과 활용도가 높다. 합리적 정서행동치료 이론에 대한 이해가 있는 독자라면 조금 더 빠르고 쉽게 이 책의 내용을 이해하고 실무에 적용할 수 있으며, 그렇지 않은 독자라도 책에 제시된 REBC 기법을 이해하는 데 무리가 없을 정도로 핵심내용이 쉽게 쓰여 있다. 물론 이론에 대한 이해의 깊이를 더하기 원하는 독자라면 이 책과 함께 합리적 정서행동치료를 다룬 이론서를 함께 읽어 보길 권한다.

7권으로 구성된 'Coaching Distinctive Features' 시리즈를 한데 묶어 한 권의 책으로 만들었다면 아마도 'Comprehensive Handbook of ……'로 시작하는 또 하나의 방대한 전공도서가 되어, 책장 한편에 꽂힌 채 먼지만 쌓여 갔을지도 모른다. 그러나 다행히도 해당 시리즈는 각 이론별로 단권 구성에 매우 간명한 편집과 설명을 제공하고 있어 손에 들고 다니며 필요할 때 언제든지 펼쳐 볼 수 있는, 말 그대로 핸드북 사이즈와 내용으로 구성되어 있다. 그만큼 실무에 활용도가 높은 책인 동시에 REBT 상담 이론의 핵심개념에 대한 소개 또한 놓치지 않아 입문서로도 유용하게 활용될 수 있다.

코칭의 이론 및 주요 개념들을 염두에 두고 번역을 진행했지만 전통적인 REBT 이론에 근거하다 보니 다소 낯선 부분들이 있을 수 있다. 각주 해석을 덧붙여 가급적 자세히 설명하고 이해의 폭을 넓히도록 노력했으나 여전히 미흡한 부분이 있을 수도 있다. 이에 대해서는 양해를 구하며, 추가적인 이해를 위해 기존에 출판된 REBT 이론서를 참고하길 권한다. 아무쪼록 이 책이 여러분의 코칭 활동에 도움이 되기를 희망한다.

2023년 10월

역자 일동

감수자 서문

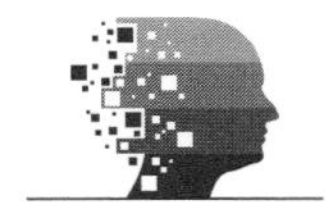

조력직업의 한 영역인 코칭은 처음에는 스포츠계에서 도입되어 최근에는 종래의 심리학이 대상으로 삼지 않았던 건강한 개인을 대상으로 함은 물론, 개인의 변화를 통해 조직의 변화까지 도모하기 위한 비즈니스 환경에서도 많이 활용되고 있는 추세이다. 그러다 보니 코칭 관련 교육도 주로 현장에서 먼저 시행되고 나중에 학문의 영역으로 확장되었다.

코칭을 심리학적 지식에 접목한 이른바 코칭심리학이라는 학문의 생성은 비교적 최근의 일이다. 1990년대 후반 호주 시드니 대학교(The University of Sydney) 학과장이었던 그랜드(Grant) 교수가 세계 최초로 코칭심리학 전공을 개설하였고, 비슷한 시기에 스티븐 파머(Stephen Palmer) 교수가 의료인들에게 인지행동치료를 가르치면서 심리치료보다는 코칭이 수강생의 필요에 더 맞는다는 것을 깨닫자 그가 재직하던 영국 런던 시립 대학교(City, University of London)에 해당 전공을 개설하게 되었다. 또한 파머 교수는 최초로 코칭센터(Centre for Coaching)를 2001년에 설립하였는데, 여기에서 그는 처음으로 인지행동치료를 건강한 사람에게 적용하는 것을 인지행동코칭이라고 선언하면서 센터의 교육 프로그램으로 도입하였다. 이른바 인지행동치료 이론이 최초로 코칭에도 도입되어 코칭 이론의 원조이론은 인지행동이론이라고 할 수 있을 것이다.

인지행동치료의 원조는 우리가 REBT라고 축약하여 부르는 Rational Emotive Behaviour Therapy이므로, 가히 코칭심리학의 기초가 되는 개념은 REBT라고 해도 과언이 아닐 것이다. 코칭심리학의 대부인 파머 교수가 1997년에 REBT의 창시자인 엘리스(Ellis) 박사가 잭 고든(Jack Gorden), 마이클 니난(Michael Neenan)과 함께 『스트레스 상담: 인지정서행동적 접근(Stress Counseling: A Rational Emotive Behaviour Approach)』을 공동집필하여 출간한 것으로 미루어 봐도 코칭심리학의 근간이 되었던 이론은 REBT라는 것을 쉽게 추측할 수 있을 것이다.

이 책은 엘리스 박사의 수제자로 영국에서 REBT에 관한 집필과 상담 활동을 가장 왕성하게 하고 있는 골드스미스 대학교의 명예교수인 윈디 드라이든(Windy Dryden) 교수가 집필한 『Rational Emotive Behavioural Coaching』을 오랫동안 인지행동치료와 REBT에 천착해 온 최승미 교수와 백지은 박사가 함께 번역하여 세상에 나오게 되었다. 다른 이론과 기법에 비교해 볼 때, REBT 이론은 그 적용 범위가 넓어 코칭에도 유용하게 활용되고 있음이 이미 입증되었다. 우리나라에서 활동하고 있는 코치들이 기법 중심으로 코칭에 노출되어 이론에 대한 강한 열망을 지니고 있는 바, 이 책은 코치들의 이러한 갈증과 목마름을 해소시켜 줄 수 있는 한 줄기의 시원한 생수가 될 수 있을 것이다. 아울러 REB 코치가 되고 싶어 하는 학도 및 전문가에게도 길잡이가 될 것을 믿어 의심치 않으며 한국의 코칭계에 REB 코칭이 주요한 역할을 하기를 기대해 본다.

광운대학교 교육대학원 상담심리, 심리치료교육 전공 주임교수 및
한국REBT인지행동치료학회장
박경애 교수

저자 서문

이 책은 저자가 편집한 'Coaching Distinctive Features' 시리즈 중 한 권으로, 시리즈의 형태를 따르고 있다. 따라서 합리적 정서행동 코칭(Rational Emotive Behavioural Coaching: REBC)의 서른 가지 특징을 이론적인 특징 열 가지와 실행 과정상의 특징 스무 가지로 나누어 간략하고 명료하게 설명한다. 이 시리즈는 코칭의 양식에 익숙한 사람뿐 아니라 그렇지 않은 사람 모두가 이해할 수 있는 방식으로 작성되었다.

책 전반을 통해 알 수 있듯이, REBC에는 두 가지 접근 방식이 있다. REBC의 특성을 설명하기에 앞서 여기에서 이 두 가지 접근 방식을 정의하는 것이 필요하다. 저자는 이러한 두 가지 접근 방식을 ① 발달-초점적 REBC와 ② 문제-초점적 REBC라고 명명하였다.

① 발달-초점적 합리적 정서행동 코칭(Development-Focused Rational Emotive Behavioural Coaching: DF-REBC)은 피코치의 발달 영역에 집중한다. 이는 코치와 피코치 사이의 개방적이며 서로를 존

중하고 협력하는 관계에 뿌리를 두고 있다. 이러한 관계는 코칭 과정 중에 코치가 가져오는 것과 피코치가 가져오는 것의 융합이다. DF-REBC에서 코치의 주요 지침은 삶을 만족스럽게 수행하고 있는 피코치가 다양한 삶의 영역에서 더 많은 것을 얻도록 하는 것이다. 코치는 피코치가 ① 하나 이상의 삶의 영역에서 발달-기반 목적을 설정 및 달성하고, ② 이러한 목적을 추구할 때 직면하는 장애물과 장애물에 대한 문제적 반응을 해결하도록 도움으로써 이러한 지침을 제시한다. 후자를 수행할 때 이러한 문제적 반응이 정서적 특징을 띠고 있으면 REBC의 '상황적 ABCDEF' 양식을 사용한다. 코치는 REBC 과정에 자신의 개인적 특성과 직업적인 전문지식을 적용한다. 직업적인 전문지식의 경우, 코치는 REBC뿐만 아니라 다른 코칭 접근 방식(인지행동 코칭에 대한 다른 접근법 포함)에서 비롯된 다양한 인지(심상 및 문제 해결 포함), 행동, 정서 기술 및 전략을 활용할 것이다. 모든 개입은 합의된 동의가 가장 중요하다는 직업적 · 윤리적 맥락 내에서 수행된다. 피코치는 자신의 발달-기반 목적을 달성하기 위해 노력하고 장애물을 다루며, 과정 중 발생한 장애물에 대해 문제적 대응을 할 경우, 코칭에 활용하도록 권장되는 다양한 강점, 능력 및 자원을 가져온다.

② 문제-초점적 합리적 정서행동 코칭(Problem-Focused Rational Emotive Behavioural Coaching: PF-REBC)은 피코치의 실제적이고 정서적인 일상의 문제에 집중한다. PF-REBC는 코치와 피코치 사이의 개방적이며 서로를 존중하고 협력하는 관계에 뿌리를 두고 있다. 이러한 관계는 코칭 과정 중에 코치가 가져오는 것과 피코치가 가져오

는 것의 융합이다. PF-REBC에서 코치의 주요 지시는 피코치가 삶의 실질적이고 정서적인 문제를 효과적으로 해결할 수 있도록 돕는 것이다. 코치는 피코치가 ① 문제-기반 목표를 설정하고 달성할 수 있도록 돕고, ② 이러한 목표를 추구할 때 마주치는 장애물과 장애물에 대한 문제적 반응을 해결하도록 도와줌으로써 이러한 역할을 구현한다. 피코치의 정서적 문제와 실제적이며 정서적인 문제 해결을 가로막는 장애물에 대한 정서적 대응을 설명하기 위해 코치는 REBC의 '상황적 ABCDEF' 양식을 사용한다. 코치는 REBC 과정에 자신의 개인적 특성과 직업적인 전문지식을 적용한다. 전문성을 발휘하여, 코치는 REBC뿐만 아니라 다른 코칭 접근법(인지행동 코칭에 대한 다른 접근법을 포함한다)에 기반한 다양한 인지, 행동, 심상 및 문제 해결 기술과 전략을 활용할 것이다. 모든 개입은 합의된 동의가 가장 중요하다는 직업적 · 윤리적 맥락 내에서 수행된다. 피코치는 코칭 과정에 개인의 다양한 강점, 능력, 자원을 가져오는데, 문제 해결 과정에서 이러한 긍정적 요소들을 활용하게 된다.

이 책에서 필자는 문제-초점적 REBC를 실제적 문제-초점적 REBC(Practical Problem-Focused Rational Emotive Behavioural Coaching: PPF-REBC)와 정서적 문제-초점적 REBC(Emotional Problem-Focused Rational Emotive Behavioural Coaching: EPF-REBC)로 나누고 이를 별도로 다룰 예정이다.

2017년 5월

Windy Dryden

차례

Part 01 이론

Part 02 실행

Part 01

이론

합리적 정서행동 코칭과 그 범위

1. 합리적 정서행동 코칭이란 무엇인가

코칭의 한 접근법으로서 합리적 정서행동 코칭(Rational Emotive Behavioural Coaching: REBC)을 이해하기 위해선 우산살과 캐노피로 이루어진 구조물, 즉 우산을 상상해 보면 좋다. REBC는 인지행동 코칭(넓은 의미의 코칭 전통)이라는 단일의 캐노피를 지지하는 우산살(특정 접근법) 중 하나로 간주될 수 있다. 이 책(전 시리즈 중의 한 부분)의 목적은 REBC 접근법의 독특한 특징을 개략적으로 설명하는 데 있다. 하지만 왜 이 접근법을 합리적 정서행동 코칭이라고 부르는가?

1) '합리적'이란

짧게 언급했듯이, 코칭은 인생의 어떤 한 부분 혹은 많은 부분에서 스스로의 발전을 추구하려는 사람들을 조력하기 위한 중요한 방법이다. '합리적'과 '비합리적'이라는 REBC 용어는 피코치가 인생의 사건들에 갖는 태도와 관련이 있다. 소위 '합리적' 태도는 피코치가 발달-기반 목표를 따르도록 한다. 이는 본질적으로 극단적이지 않고 유연하며, 현실과 조화를 이루고 이치에 맞으며 건강한 결과를 낳는 경향이 있다. 반대로, 소위 '비합리적' 태도는 피코치의 발달-기반 목표 추구를 방해한다. 이들은 본질적으로 극단적이며 경직되어 있고, 현실에 부합하지 않으며, 이치에 맞지 않고 건강하지 못한 결과를 초래하는 경향이 있다.

2) '정서적'이란

피코치는 당연히 감정을 가지고 있으며, '정서적'이라는 용어는 이러한 감정들이 코칭 과정을 강화하거나 방해할 수 있다는 사실을 의미한다. 만약 그들이 조증 상태처럼 건강하지 못한 상태가 아니라면, 긍정적 정서는 일반적으로 코칭 과정에 도움이 된다. 부정적 사건에 대해 일반적으로 경험하는 부정적 정서[이 책에서는 '역경(adversity)'이라고 함]는 건강할 수도 있고 건강하지 않을 수도 있다(6장 참조). 피코치가 정서적인 문제에 대한 코치를 구할 경우, 이들이 당면하고 있는 역경에 대한 부정적 정서는 거의 확실히 건강하지 않을 것이다. 즉, 그들은 자신의 태도에 사로잡혀 당면한 역경에 건설적으로 대처하지 못하곤 한다. REBC 이론에 따르면, 이런 건강하지 못한 부정적 정서(Unhealthy Negative Emotions: UNE)는 경직되고 극단적인 태도에서 비롯되는 것으로 간주된다. 반면, 피코치의 부정적 정서가 건강한 경우에는 당면한 역경에 맞서 적절히 처리하고 건설적으로 대처할 수 있을 것이다. REBC 이론에 따르면, 건강한 부정적 정서(Healthy Negative Emotions: HNE)는 극단적이지 않고 유연한 태도에서 발생하는 것으로 간주된다.

3) '행동적'이란

REBC에서 '행동'이라는 용어는 드러나는 행동뿐 아니라 겉으로 드러나지 않은, 그러한 행동을 향한 추동 모두를 의미한다. 후자를 '행동 경향성'이라고 한다. 피코치가 어떻게 행동하는지(혹은 하려는 경향성)는 개인의 성장과 발달에 초점을 둔 REBC에서 피코치가 발달-기반 목표를 달성할 것인가 및 방법을 결정하는 데 중요한 요소가 된다. 또한 행동은 문제 해결 중심의 REBC에서도 실제적인 문제들을 해결하는 방식을 찾는지의 여부에 있어서도 중요한 요소이다.

정서적 문제-초점적 코칭의 경우, REBC에서 제안하는 행동 모델은 정서 모델과 동일한데, 즉 경직되고 극단적인 태도는 대체로 비건설적인 행동의 기초를 형성할 가능성이 높은 반면, 유연하고 극단적이지 않은 태도는 건설적인 행동의 기초를 형성할 가능성이 높다는 것이다. 경직되고 극단적인 태도에 기반한 행동은 UNE와 관련되어 있는 반면, 유연하고 극단적이지 않은 태도에 기반한 행동은 HNE와 관련되어 있다.

2. 합리적 정서행동 코칭의 범위

비록 REBC가 REBT의 치료 이론에 기원한 접근법이기는 하나 (Dryden, 2015; Ellis, 1994 참조), REBT에 비해 보다 폭넓게 적용될 수 있으며, 크게 두 가지 주요 영역에 초점을 두고 있다.

1) 초점 1: 발달

REBC가 관심을 두는 주요 영역 중 하나는 피코치의 발달을 추구한다는 것이다. 이미 자신의 삶에서 충분히 잘 살고 있기는 하나 삶의 또 다른 여러 영역에서 보다 나은 성취를 소망하며 이러한 과정에 도움을 얻고자 코치를 찾게 된다. 앞으로 보게 될 텐데, REB 코치는 성취 가능하고 적절한 목적을 선택하도록 돕고 작업 가능한 행동 계획을 개발하도록 격려하며 이를 실행에 옮기도록 조력한다.

2) 초점 2: 문제

REBC의 주요 초점이 발달에 맞춰져 있기는 하나, 다른 한편으로 '심리치료' 혹은 '상담'이 아닌 형태로 자신의 문제에 도움을 찾고자 하는 사람들에게 전문적인 조력의 또 다른 유형으로 '코칭'이 수용적으로 다가갈 수 있다. 이들은 심리치료사나 상담자에게 상담받기를 거부하곤 하는데, 그런 행위 자체가 스스로에게 무슨 문제가 있는 것처럼 여겨지기 때문이다. 이런 경우 코치에게 도움을 요청하는 것이 정신건강 전문가에게 도움을 청하는 것에 비해 부정적인 느낌을 덜 갖게 할 수 있다.

자신의 문제들에 대해 코치로부터 도움을 얻고자 하는 사람들을 만나기 위해 REB 코치는 피코치가 가진 문제들을 도울 준비가 되어 있어야 한다. 비단 실무적인 준비뿐 아니라 정서적인 준비가 되어 있어야 한다.[1]

(1) 실제적 문제

피코치가 실제적인 문제들에 당면해 있을 때는 너무 많은 이슈로 혼란스러운 상태이므로, 누군가와 문제에 대해 이야기하며 상황을 정리하고 명료화할 필요가 있다. 피코치는 당면한 이슈들에 불만스러운 상태이기는 하지만, 반드시 정서적으로 어려운 상태는 아니다. 4장에서 살펴보겠지만, REB 코치는 피코치가 뒤로 물러나 당면한 문제에 대해 새로운 관점을 채택하도록 함으로써 이들을 가장 유용하게 도울 수 있는데, 이를 통해 당면 문제에 대한 적절한 해결책을 실행하는 데 도움이 될 구성 요소에 대한 더 큰 이해를 얻게 한다.

(2) 정서적 문제

정서적 문제 관련 이슈들을 다루는 REB 코치는 REBT의 이론과

1) 피코치는 실제적 문제에 대한 정서적 문제를 갖고 있을 수 있으므로, 실제로는 상황이 더 복잡할 수 있다.

실제를 활용할 수 있다. 다만, REB 치료자와는 달리 REB 코치가 다루게 되는 정서적 문제들의 종류에서는 차이를 보인다. 캐버나(Cavanagh, 2005)는 REB 코치가 이러한 정서적 문제를 다루는 것과 관련 몇 가지 가이드라인을 제시하고 있으며, 다음 내용을 인지하고 피코치의 정서적 문제를 다루어야 한다고 제안하고 있다.

- 정서적 문제는 최근에 일어났거나 혹은 간헐적으로 일어나는 것들이어야 한다.
- 역경에 대한 피코치의 반응은 스트레스 상황에 놓여 있는 것이지만, 이러한 스트레스는 경도 내지 중간 정도 수준 안에 있어야 한다.
- 피코치의 정서적 문제는 개인의 삶의 한 부분 혹은 상황에 한정된 것이다.
- 정서적 문제에 대해 방어적이지 않다.
- 문제를 드러내고 해결해 가는 데 개방적이다.

더불어, 코치가 발달-초점적 코칭이나 실제적 문제-초점적 코칭을 하려할 때, 정서적 문제가 장애물이 될 수도 있다. 현재의 코칭 초점이 이들이 정서적 문제를 다루는 데 우선적으로 맞춰져 있지 않더라도, REB 코칭은 피코치가 정서적으로 꽉 막혀 있는 듯한 느낌이 들 때 필요할 수도 있다.

지금까지 REBC의 정의 및 적용 범위에 대해 살펴보았고, 다음 장에서는 REBC가 인간에 대해 가진 주요 가정들에 대해 살펴볼 것이다. 종합하면 이러한 가정들이 REBC의 차별적인 특성을 제안한다.

REBC에서의 인간상

코칭의 모든 접근은 인간에 대해 명시적 혹은 암묵적 가정을 제시한다. 종합적으로 그러한 가정들은 이 장에서는 인간상(image of the person)이라고 부르는 내용들의 구성요소가 된다. REBC에서의 인간상은 과연 무엇인가?

1. 인간은 맥락 내에서 관찰되어야 한다

몇 년 전 필자는 매우 인상적인 『더 가디언(The Guardian)』의 TV 광고를 보았다. 전모(The Whole Picture)'[1]라는 제목의 광고는 중년 남성을 향해 다가가는 젊은 스킨헤드족으로 시작된다. 중년 남성에게 다

1) 역자 주: '전체 그림'(The Whole Picture) 혹은 '보이는 게 전부가 아니다.' https://www.youtube.com/watch?v=_SsccRkLLzU (접속 일자: 2023. 8. 10).

가가는 그의 모습을 통해 곧 그가 중년 남성을 때리거나 그의 물건을 훔쳐 가는 모습을 떠올리게 된다. 그러나 사실 스킨헤드족은 중년 남성의 머리 위로 곧 떨어질 것 같은 벽돌을 피하게 하기 위해 그를 옆으로 밀치려고 다가가는 중이었다. 이 예를 현재의 이슈와 관련지어 보면, 피코치가 행동하는 맥락을 이해하고 그들의 행동을 이해하는 것이 필수적이라는 것을 생각해 볼 수 있다. 이 광고는 사람들은 종종 자신이 놓인 맥락에 의해 영향을 받는다는 사실을 우리에게 일깨워 주는 예이다.

2. 사람은 상황의 영향을 받지만, 그것에 의해 통제되지는 않는다

『죽음의 수용소에서(Man's Search for Meaning)』(Viktor Frankl, 1984)를 보다 보면, 모든 심리학 분야에서 가장 강력한 문구 중 하나를 발견할 수 있다.

> 강제 수용소에 살았던 우리는 오두막을 다니며 타인을 위로하고 자신의 마지막 빵 한 조각을 나눠 주는 사람들을 기억할 수 있다. 그들의 수가 많지는 않았지만, 이들은 인간에게서 모든 것을 빼앗을 수 있으나 단 한 가지, 인간의 마지막 자유, 즉 어떠한 상황이 주어지더라도 자신의 태도를 선택하는 것, 자신의 방식을 선택하는 그것만은 뺏을 수 없다는 증거를 보여 주기에 충분했다.

필자는 이것이 우리가 어떤 맥락에 놓여 있든, 그리고 비록 그런 맥락에 의해 영향을 받음에도 불구하고, 우리는 맥락에 존재하는 동안 우리가 생각하고 행동할 자유를 잃지 않음을 보여 주는 것이라고 해석한다. 이것은 REBC의 기본 원칙으로, 이 코칭 접근법은 사람들이 자신의 상황을 현실적인 방식으로 어떻게 초월할 수 있는지 대해 강한 신념을 보여 준다.

3. 태도는 인간 경험의 핵심이지만, 모든 것은 아니다

'태도' 개념은 사람이 세상에서 기능하는 방식에 대한 REBC 관점의 핵심이다. 하지만 REBC가 말하는 '태도'란 정말 무엇을 의미하는가? 필자는 콜먼(Colman, 2015)이 이 용어에 대한 최고의 심리학적 정의 중 하나를 내렸다고 생각한다. 그가 말하는 태도란 "사람, 사물 또는 문제에 대한 지속적인 평가 반응 패턴"이다.

인간으로서 우리는 단지 사건들을 묘사하는 것으로만 기능하지 않는다. 또한 당면한 상황을 해석하는 것만이 다는 아니다. 비록 이러한 해석이 상황을 이해하는 데 매우 중요하다고 해도 말이다. 대신, 빅터 프랭클(Viktor Frankl)의 인용에서처럼, 우리의 감정과 행동은 현실을 묘사하고 해석하도록 이끄는 우리의 평가적 태도에 의해 주로 결정된다. 이 점에서 REBC 이론은 유연하고 극단적이지 않은 태도를 경직되고 극단적인 태도와 구분한다. 이에 대해서는 5장에서 논의할 것이다.

『태도가 모든 것이다(Attitude is Everything)』와 같은 류의 제목을 달고 있는 책이 여러 권 출판되었다(예: Harrell, 2005). 이 장에서 필자는 태도가 인간 경험의 핵심이라고 주장했다. 그러나 인간의 태도만이 중요하다는 식으로 말하는 것은 과장된 것이다. 다음 장에서 보겠지만, 인간 기능의 다른 양식들 또한 중요하며 이 역시 코칭에서 다룰 필요가 있다.

4. 심리적 상호작용주의와 심리적 변화

1장에서는 '합리적 정서행동'이라는 용어의 의미를 설명했다. 이 용어는 우리가 코칭에서 고려하는 인간 경험의 세 가지 주요 양식인 인지, 정서, 행동을 나타낸다. 코칭에 관한 책들에서는 종종 이 세 가지 양식를 개별적으로 논의하지만, 실제로는 각각이 상호작용적이다. REB 코치는 코칭 개입을 계획할 때 인간 경험에 대한 그러한 특성을 염두에 둘 필요가 있다. REBT의 창시자인 앨버트 엘리스(Albert Ellis) 박사는 「합리적 심리치료(Rational Psychotherapy)」라는 첫 번째 논문(약 60년 전에 발표)에서 이를 인정했다. 엘리스는 다음과 같이 말한다.

> 인간은 다음의 네 가지 기본적인 과정, 즉 지각, 움직임, 사고 및 정서를 가지고 있다고 말할 수 있다. 이 모든 것은 통합적으로 상호 연관되어 있다. …… '존스가 이 퍼즐에 대해 생각한다.'라고 말하는 것보다 '존스는 퍼즐을 지각하

고, 움직이고, 느끼고, 생각한다.'라고 보다 정확하게 말해야 한다(1958: 35).

새로운 사고방식과 행동방식이 함께 생겨야 할 뿐만 아니라, 피코치는 정서적 변화를 이루어 낼 수 있도록 시간이 가도 반복적으로 사고와 행동을 연합하는 방식을 습득해야만 한다. 만약 누군가가 그들의 생각을 바꾸려고 노력하지만 행동을 바꾸려 하지 않는다면, 그것은 젖은 성냥을 켜려는 것과 다를 바 없다. 불은 결코 붙지 않는다. 필자는 이 현상을 '점화 없는 인지'(Dryden, 1985a)라고 불렀다. 행동의 발화가 없다면, 인지는 어떤 의미에서도 감정을 거의 바꾸지 못할 것이다. 반면, 행동의 발화가 함께 한다면, 인지는 삶 속으로 정서를 점화시킬 수 있다.

필자는 종종 피코치에게 이 점을 다음과 같은 방식으로 설명했다. 심리적 변화를 비유하자면, 이는 '인지'와 '행동'이라고 불리는 두 마리의 개가 덫에서 벗어나 함께 트랙을 도는 동안 여전히 덫에 머물러 있는 세 번째 개, 즉 '정서' 주변을 도는 그레이하운드 경주와 같다. '인지'와 '행동'이 트랙을 여러 바퀴 돌았을 때, 비로소 '정서'는 덫을 벗어나 다른 두 마리의 개를 빠른 속도로 따라잡는다. 이는 정서적 변화가 인지적 변화와 행동적 변화에 뒤처져 있지만, 개인이 건강하게 상호 강화적인 방식으로 행동하고 생각하는 것을 지속한다면 발생할 수 있음을 보여 준다.

지금까지 REBC의 인간관에 대해 살펴보았다. 다음 장에서는 REBC에서 의미와 가치가 수행하는 중요한 역할에 대해 살펴보겠다.

REBC에서 의미와 가치의 중요성

이 책에서 견지하는 점을 다시 언급한다면, 코칭이란 원칙적으로 만족스러운 삶을 영위하고 있으나, 삶의 다양한 영역에서 보다 많은 것을 얻고자 하는 마음이 있는 사람들을 위한 것이다. 살아가면서 장애물을 만나거나 정서적으로 답답할 때 도움을 받는 것을 포함할 수 있다. 그러나 1장에서 논의되었듯이, 사람들은 실제적이고 정서적인 문제들에 도움을 받기 위해 코칭을 찾는 경우가 많다. 가치와 의미 문제는 하나의 원리에 의해 인도되는 것이 최선이지만, 모든 피코치에게 중요한 이슈가 되기도 한다. 피코치가 행동으로 옮기기 위한 최선의 마음가짐을 가질 때 가치와 의미를 탐색하는 것이 중요하다.

관련 논의로 돌아올 것이지만, 우선 '가치'와 '의미'가 무엇을 말하는지, 그리고 왜 이것들이 REBC에서 중요한 위치를 차지하는지에 대해 살펴볼 것이다. 가치는 삶에서 중요하고 의미가 있는 것과 관련한 판단 혹은 삶의 목적을 부여하는 것에 대한 판단이다. 비록 '의미' '중요' '목적'과 같은 용어들이 본질적으로 '가치'의 개념과 동의어는 아니지만, 피코치가 '가치'라는 용어를 충분히 이해하지 못한다면 이러한 용어들을 사용할 것을 제안한다. 다음의 예는 REBC에서 피코치와 목적을 설정할 때, 가치, 중요성, 의미 및 목적의 개념을 어떻게 소개하는지를 보여 준다.

코치: 제 도움이 필요한 목표가 무엇인가요?

피코치: 전 직장에서 잘 지내고 있지만, 직장에 나가지 않을 때는 시간을 낭비하는 것 같아요.

코치: 그래서 직장에 나가지 않을 때 시간을 더 의미 있게 쓰고 싶은가요?

피코치: 네.

코치: 지금부터 1년 후에 당신이 이 과제에 성공했다고 상상해 보세요. 당신은 뭐라고 말할까요?

피코치: 전 '내가 아주 작은 방법으로도 이 세상에 변화를 만들었어.'라고 말하겠죠.

코치: 어떻게 변화를 만들고 싶으세요?

피코치: 누군가가 더 나은 삶을 살 수 있도록 도와줌으로써요.

코치: 당신은 그 과정을 혼자 하고 싶은 가요 아니면 다른 사람들과 함께하고 싶나요?

피코치: 물론 다른 사람들과 함께죠.

코치: 당신에게 그 점이 왜 중요한가요?

피코치: 팀의 일원이 되면 소속감을 느낄 수 있을 것이니까요.

코치: 그렇다면 당신의 시간을 의미 있게 사용하는 것과 관련한 두 가지, 작지만 변화를 만들어 내는 것과 타인과 함께 작업하면서 소속감을 느끼는 것이 중요한 것이네요. 맞나요?

피코치: 네, 정확해요.

코치: 그럼, 당신의 목표를 명확히 하면서 이를 활용할 수 있는지 여부를 살펴봅시다.

REB 코치는 때때로 피코치가 당면한 주제와 관련된 목록을 작성할 것을 제안한다. 이와 관련하여, 나는 종종 수용전념치료자인 루스 해리스(Russ Harris)가 그의 웹사이트에서 제공한 가치 설문지를 작성하게 한다.[1] 설문지는 여러 가치에 대한 간략한 설명을 제공하고, 가치 문제에 대한 피코치의 생각을 자극하는 데 유용하며, 나아가 가치와 관련한 코칭에서 안내서가 될 수도 있다.

다음 장에서는 REBC의 목적에 대해 살펴본다.

---

1) www.actmindfully.com.au (접속 일자: 2017. 6. 14).

REBC의 목적과 목표

사람들은 무언가 성취하기를 원하기 때문에 코칭을 받기로 선택한다. 첫 장에서, 필자는 REBC가 주로 발달을 촉진하는 것에 관심이 있지만, 사람들이 자신의 실제적이고 정서적인 문제도 다루기 위해 REBC를 선택하기 때문에 이를 다루는 데에도 관심이 있다고 언급했다. 발달-초점적 REBC(DF-REBC)와 문제-초점적 REBC(PF-REBC)가 추구하는 점을 구별하기 위해, DF-REBC의 경우 '목적(objective)'을, PF-REBC의 경우 '목표(goal)'로 지칭할 것이다.

1. REBC의 목적

DF-REBC에서 목적을 설정한다는 것은 일반적으로 사람들이 염두에 두는 삶의 어떤 분야에서든지 인간으로서 기능하는 방식의 한 부분(예: 비즈니스 코칭, 커리어 코칭, 관계 코칭, '라이프 코칭')의 발전이나 향상을 추구한다는 것을 의미한다. REB 코치가 피코치의 목적 설정을 도울 때, 다음 사항들을 염두에 둘 필요가 있다. 피코치가 다음과 같은 목적을 세울 수 있도록 돕는 것이 중요하다.

- 명료한 목적: 목적이 명확할수록 피코치의 달성 가능성이 높아진다. 목적이 모호할 경우, 코치는 피코치가 목적 달성을 위해 구체적 표적을 설정하도록 해야 한다.
- 진정한 목표: 피코치가 진정으로 달성하고자 원하는 목적 (Gessnitzer & Kauffeld, 2015)
- 의미 있는 목적: 핵심 가치에 기반한 목적
- 가능한 한 피코치의 친구, 가족 또는 동료가 지지하는 목적
- 자신의 삶에 통합되는 목적
- 희생할 가치가 있는 목적
- 하나 이상 건강한 기능 원칙에 기초한 목적

피코치가 목적 중 하나를 달성한 후에도 이를 유지하는 데 도움이 필요할 수 있다. 또한 많은 목적이 명확한 종결점을 갖고 있지 않기 때문에, 목적에 명시된 것 이상으로 성과를 향상시키도록 피코치가 계속 작업할 수 있는 기회를 제공해야 한다.

2. REBC의 목표

당면 문제에 대한 코칭을 원하는 사람에게 해당 문제에 대한 코칭을 통해 달성하고자 하는 것이 무엇이냐고 물으면, 문제 자체를 경

험하고 싶지 않다고 대답하거나("불안함을 느끼고 싶지 않아요.") 문제와 관련된 경험을 줄이고 싶을 수 있다("불안함을 덜 느끼고 싶어요."). REB 코치의 경우, 이러한 표현은 두 가지 이유에서 문제가 있다.

① 다른 인지행동 코칭 접근 방식과 마찬가지로, 문제에 기반한 목표는 SMART[즉, 구체적(Specific: S), 측정 가능한(Measurable: M), 달성 가능한(Achievable: A), 현실적(Realistic: R), 시간 제한적(Time-bounded: T)]적이어야 한다.
② 문제-기반 목표에는 REBC의 독특한 특징인 역경에 대한 건강한 대응이 무엇인지를 제시할 필요가 있다.

문제-기반 목표를 고려할 때, 실제적 문제와 관련된 목표와 정서적 문제와 관련된 목표를 구분하는 것이 유용하다.

1) 실제적 문제와 관련된 목표

첫 장에서, 피코치가 실제적 문제를 갖고 있다면 "여러 가지 문제로 혼란을 겪거나 뒤죽박죽이 될 수 있으며, 누군가와의 대화를 통해 명확성과 질서를 마련해야 한다."라고 언급했다. 이때 피코치는 현재의 문제로 인한 불만이 있기는 해도, 그로 인한 감정적 동요를 겪지는 않는다. 코칭의 첫 단계에서, REB 코치는 피코치가 문제의 본질을 명확히 하도록 도울 필요가 있을 것이다. 그 후, 해결 중심 코칭(예: Iveson, George, & Ratner, 2012)을 끌어내는데, 이때 다음과 같은 질문을 사용할 수 있다. "만약 문제를 해결하는 데 성공했다면, 지금의 행동과 생각, 느끼는 것과 어떤 차이가 있을 것 같은가요?" 피코치가 행동적 · 인지적 · 정서적 반응들을 명료화하도록 도움을 받다 보면, 이러한 것들이 피코치의 목표가 된다.

2) 정서적 문제 관련 목표

피코치가 자신의 목표를 명료화하는 것을 돕기 위해 REB 코치는 자신의 문제를 명확히 하는 것을 도와야만 한다.

(1) 문제 명료화

문제 명료화엔 다섯 가지 요소가 있다. 이는 '상황적(situation) AC'[1] 문제 양식으로 알려져 있다.

- 문제가 발생한 맥락: REBC에서는 '상황'
- 자신이 처한 상황에서 가장 문제가 된다고 생각하는 것에 대한 추론: REBC에서는 'A'(역경)
- 이러한 역경에 대한 문제적 반응 세 가지, 즉 정서, 행동, 인지: REBC에서는 'C'(결과). 즉, 역경 'A'의 상황에 대한 경직되고 극단적인 기본 태도에 기인한 결과물을 의미한다. 이때, 이런 기본 태도, 즉 'B'는 문제 명료화의 요소가 아니라, 이후에 일어날

1) 여기서 'C'는 문제의 정서적, 인지적, 행동적 세 가지 구성 요소를 포함한다.

문제 평가에서 중요한 요소이다.

(2) 목표 명료화

목표 명료화 역시 다섯 가지 요소로 구성된 '상황적 AC'[2] 목표 양식으로 알려져 있다.

- 문제가 발생한 동일한 맥락: REBC에서는 '상황'
- 자신이 처한 상황에서 가장 문제가 된다고 생각하는 것에 대한 추론: REBC에서는 'A'(역경)
- 이러한 역경에 대한 건강한 반응 세 가지, 즉 정서, 행동, 인지: REBC에서는 'C'. 즉, 역경 'A'의 상황에 대한 유연하고 극단적이지 않은 기본 태도에 기인한 결과물을 의미한다. 이전처럼 이런 기본 태도 'B'는 목표의 한 부분이 아니라 피코치가 자신의 목표를 달성하는 방법을 이해하는 데 도움을 주는 중요한 요소이다.

이것이 가리키는 것은 문제와 관련해 목표를 설명하는 것이 피코치로 하여금 'A'라고 알려진 역경을 우회하지 말고 그대로 직면하면서 건강하게 반응하라는 것이다. 역경을 우회하려는 목표에는 문제 발생 맥락에서의 구체적인 긍정적 정서 경험을 포함시키려는 의도가 존재한다. 그러나 이는 역경을 제대로 표현한 것이 아니다(예: "나는 사람들 앞에서 말하는 데에 자신감을 느끼고 싶다."). 이와 대조적으

2) 여기에서도 'C'는 목표의 정서적, 인지적, 행동적 세 가지 구성 요소를 포함한다.

로, 역경을 마주하면서 설정된 목표는 개인으로 하여금 역경을 묘사할 뿐 아니라 건강한 부정적 정서도 표현하도록 돕는다(예: "사람들 앞에서 말하는 동안 대사를 잊어버릴 가능성에 대해 걱정하지만, 불안하지 않기를 원한다."). REBC의 코치는 피코치에게, 대중 앞에서 강연을 하는 동안 대사를 잊어버릴 경우에 생산적으로 대처할 수 있도록 돕는 것에 대한 근거를 제공하고, 그런 다음에 이들이 대중 연설에 대한 자신감을 기를 수 있도록 도울 것이다.

(3) 문제와 목표의 명료화: 예시

앞서 논의한 내용을 토대로, 〈표 4-1〉은 피코치가 자신의 문제에 기반해서 목표를 명료화한 예시를 제시하고 있다.

■ 표 4-1 ■ 문제와 목표 명료화 예시

상황: 사람들 앞에서 말하기	
A(역경): 할 말을 잊어버림	
문제 C(정서): 불안 C(행동): 사람들을 쳐다보지 못함 C(인지): '할 말을 잊어버리면 여기 있는 사람들 모두가 나를 바보로 볼 거야.'	목표 C(정서): 불안하지 않은 걱정 C(행동): 사람들을 쳐다보기 C(인지): '할 말을 잊어버리면 여기 있는 사람들 일부는 나를 바보라고 하겠지만, 모두가 그런 건 아니야.'

이 예시는 공개적으로 말을 하는 상황에서 피코치의 정서적 문제를 돕는다는 것은 그러한 상황에서 두려워할 수 있는 역경(즉, 할 말을 잊어버리는 것)을 피하지 않고 직면하도록 코치가 돕는 것을 의미한다는 점을 명확히 한다. 그래서 피코치가 정서적 문제를 해결하도

록 돕는 과정 동안 REB 코치가 하는 매우 일반적인 개입 중에는 피코치가 'A'로 추론한 역경이 일시적으로는 사실이라고 가정하도록 격려하는 것이 포함된다. 이 예에서 코치는 피코치에게 "자, '당신이 할 말을 잊을 가능성이 얼마인가?'라는 질문보다 '당신이 일시적으로 할 말을 잊었다.'라고 가정해 봅시다."라고 말할 수 있다. 전자, 즉 '~할 가능성' 개입은 피코치로 하여금 이번에는 대사를 잊을 가능성이 거의 없다는 결론을 이끌어 낼 수도 있다. 그러나 이러한 전략은 위협이 제거될 수만 있다면 불안을 멈추게 할 수 있으나, 만약 위협이 일어날 가능성이 높거나 실제로 일어난다면 피코치가 이를 다루는 데 도움이 되지 않을 것이다.

3) 문제-기반 장애물 관련 목표 정하기

앞서 언급했듯이, 피코치는 발달-기반 목적 추구 시 장애물을 경험할 수 있다. 이러한 장애물은 때로 매우 빠르게 처리될 수도 있지만, 그렇지 않을 때 코치는 이러한 장애물들이 실제적인 측면에서 혹은 정서적인 측면에서 문제가 될지 피코치가 이해할 수 있도록 해야 한다. 코치와 피코치가 이에 대해 합의하면, 실제적인 문제를 다룰지 아니면 정서적인 문제를 다룰지에 따라, 앞서 논의한 것처럼 목표 설정을 진행할 수 있다.

다음 장에서는 정서에 대한 REB 관점을 살펴보고, 이러한 문제에 대한 건강한 대안을 제공한다.

정서적 문제와 건강한 대안 이해: ‘상황적 ABCDEF’ 양식 중 ‘상황적 ABC’ 부분

피코치가 자기 계발을 위해 도움을 구하든, 실제적 문제를 해결하든, 혹은 정서적 문제를 해결하든, REB 코치는 코칭 중에 다룰 수도 있는 주요 정서적 문제에 대해 양질의 실무 지식을 가지고 있어야 한다. 피코치의 정서적 문제들이 코칭의 초점이라면 더욱 그것들을 이해할 필요가 있다. 하지만 피코치가 스스로를 발전시키고 싶어 하거나 실제적인 문제들에 대한 도움을 찾고 있을 때도 그들은 분명히 문제가 되는 정서적 측면을 가진 장애물을 마주칠 수 있으며, 이는 장애물을 만나기 전의 상태로 돌아가기에 앞서 다뤄져야 할 필요가 있다.

이 장에서는 REB 코치가 피코치의 정서적 문제를 이해하고 처리하기 위해 사용하는 ‘ABCDEF’ 양식(다음의 1절 참조)의 ‘상황적 ABC’ 부분에 대해 논의할 것이다. ‘상황적 ABC’ 부분은 코칭에서 고려되는 여덟 가지 주요 정서적 문제의 REBC 개념 체계와 건강한 대안의 기초가 된다.

이와 관련된 내용은 다음 장에서 표 형식으로 제시할 것이다.

1. '상황적 ABCDEF' 양식

'상황적 ABCDEF' 양식은 다음과 같다.

- '상황'이란 정서적 문제가 일어난 특정한 맥락을 말한다.
- 'A'는 역경, 즉 개인이 가장 힘들어 하는 상황 측면을 의미한다.
- 'B'는 기본 태도, 즉 역경에 대해 개인이 지니고 있는 기본 신념으로, 경직되고 극단적이거나 유연하고 극단적이지 않을 수 있다.
- 'C'는 이러한 일련의 기본 태도들 각각에 대한 정서 · 행동 · 사고의 결과를 나타낸다.
- 'D'는 코치와 피코치가 두 가지 태도를 모두 검토할 목적으로 참여하는 변증법적 프로세스를 의미한다.
- 'E'는 이 과정의 효과를 나타낸다.
- 'F'는 이러한 효과를 바탕으로 변화를 촉진하는 것을 의미한다.

1) 역경

나는 이 책에서 사람들의 정서적 문제를 설명할 때 드러나는 부정적인 사건들을 '역경'이라고 부른다. 역경은 정서적 문제를 경험한 상황의 한 측면으로, 개인이 가장 힘들어하는 부분이다. 종종 이것은 무엇이 일어났는지에 대한 정확한 혹은 부정확한 추론이며 가용한 증거들을 기반으로 살펴볼 필요가 있는 내용들이다. 4장에서 언급하였듯이, REBC에서는 피코치가 일시적으로 자신의 추론이 옳다고 가정하도록 권장하는 것이 중요하다. 이러한 전략은 피코치가 역경에 직면하고 건설적으로 대처할 수 있도록 돕기 위해 채택되었다는 점을 기억하라. 6장에서 제시한 것처럼, 서로 다른 유형의 역경은 각각 서로 다른 정서적 문제와 짝지어진다.

2) 기본 태도

2장에서 태도가 인간 경험의 핵심이라고 주장했다. 정서적 문제와 관련하여, 스토아 학파 철학자인 에픽테투스(Epictetus)는 "사람들이 사물에 의해 동요되는 것이 아니라[1] 그들이 사물을 받아들이는 관점에 의해 동요되는 것"이라고 말하며 매우 유사한 논거를 제시했다. 여기에서 '기본(basic)'이라는 단어를 사용하는 이유는 두 가지인데, ① '상황적 ABC' 양식에서 'B'를 나타내기 위해 필요한 'b'라는 글자로 시작하고, ② 태도가 정서적 문제 및 건강한 대안 마련의 기저(base) 또는 핵심에 자리하고 있기 때문이다.

(1) 경직되고 극단적인 태도는 역경에 대한 정서적 문제의 핵심이다

우리가 어떤 일에 대해 경직된 태도를 취할 때, 우리는 그 일이 일어나거나 일어나지 않기를 원할 뿐만 아니라, 우리의 선호가 충족되어야 한다고 독단적으로 주장한다. 그리고 만약 우리의 태도가 경직

---

1) 여기서, '관점'이라는 용어는 이 절에서 사용된 '기본 태도'와 동의어이다.

되어 있다면, 우리의 태도에 근거한 결론 역시 극단적일 것이다. 세 가지 극단적인 태도가 REBC에 자리 잡고 있다. 따라서 피코치가 자신의 발달-기반 목적을 향한 길이 순조롭기를 바라며, 반드시 그렇게 되어야 한다고 주장한다면, 세 가지 주요 극단적인 태도 중 하나 혹은 그 이상에 다다를 수밖에 없다.

- 파국적 태도: '내 목표를 향한 길이 순탄치 않을 뿐만 아니라 모든 게 끝인 상황이다.'
- 불편감을 견디지 못하는 태도: '내 목표를 향한 길이 순탄치 않다는 것과 투쟁하는 것뿐 아니라 이런 상황 자체를 참을 수 없다는 것이다.'
- 자기, 타인 또는 삶의 태도에 대한 평가절하적 태도: '목표를 향한 길이 순탄치 않을 때는, 이러한 상황만 나쁜 게 아니라 나와 당신, 인생 모두를 망쳤다는 것이다.'

(2) 유연하고 극단적이지 않은 태도는 역경에 대한 건강한 반응의 핵심이다

이와는 대조적으로 만약 우리가 어떤 것에 대해 유연한 태도를 취한다면 그러한 일들이 일어나거나 혹은 일어나지 않기를 바랄 수 있지만, 독단적으로 우리의 선호가 반드시 충족되어야 한다고 주장하지는 않는다. 그리고 우리의 태도가 유연하다면, 이러한 태도에 기반한 결론 역시 극단적이지 않다. REBC에서는 이러한 극단적이지 않은 태도를 세 가지로 정의한다. 피코치가 발달-기반 목적을 향한 수월한 과정을 원하지만, 그럼에도 반드시 그래야 한다고 주장하지 않는다면, 이들은 다음의 극단적이지 않은 세 가지 주요 결론에 도달하게 될 것이다.

- 비파국적 태도: '목표를 향한 길이 순탄치 않은 건 나쁘지만, 세상이 끝나는 건 아니다.'
- 불편감을 견디는 태도: '목표를 향한 길이 순탄치 않은 것을 참는 것은 투쟁이지만, 나는 참아 낼 수 있고 그렇게 하는 게 나에겐 가치가 있다. 기꺼이 이 불편감을 참아 낼 것이고, 그렇게 할 것이다'.
- 자신, 타인 또는 삶의 태도에 대한 수용적 태도: '내 목표를 향한 길이 순탄치 않을 때, 삶의 그런 면이 좋은 건 아니지만, 나, 당신, 인생 모든 것이 나쁜 것은 아니다. 나와 당신, 인생은 좋은 면과 나쁜 면, 중립적인 면의 복합적인 혼합물이다.'

3) 기본 태도의 결과

REBC에서 사람들이 역경에 대한 기본 태도를 가질 때, 그들은 이러한 태도에 기반한 정서 · 행동 · 사고의 결과를 경험한다. 각자가 경험할 결과의 유형은 그들이 가지고 있는 태도의 유형에 따라 달라질 것이다.

(1) 경직되고 극단적인 기본 태도의 결과

피코치가 자신의 코칭 과정이 수월하지 못한 것에 대해 경직되고 극단적인 태도를 취한다면, 코칭 과정을 시작하기를 미루거나, 시작하더라도 예상치 못한 장애물을 피하고자 동기화되어 있기 때문에 조심스럽고 주저하는 모습을 보일 것이다. 그들의 경직되고 극단적인 태도는 다음과 같은 결과를 초래할 것이다. ① 부정적이고 건강하지 못한 정서, ② 회피적이거나 재앙적인 사고 또는 그 둘 사이를 빠르게 오가는 사고, 그리고 ③ 장애물과 관련된 비건설적인 행동(예: 그 사람은 장애물을 피하려고 재빨리 물러나거나 혹은 성급하고 충동적으로 일을 처리하려 할 것이다)이다.

(2) 유연하고 극단적이지 않은 기본 태도의 결과

반대로, 피코치가 코칭 과정이 수월해야 한다는 주제와 관련하여 유연하고 극단적이지 않은 태도를 지니고 있을 때, 이들은 스스로를 개발하기 위한 열망으로 동기화되어 빠르게 코칭 과정을 시작하고 과정에서 나타날 장애물에 대해 적절히 준비한다. 만일 그런 장애물을 만난다고 해도 이들의 유연하고 극단적이지 않은 태도는 다음의 결과를 가져온다. 즉, ① 부정적이지만 건강한 정서, ② 장애물이 온전히 처리되고 이와 관련하여 문제 해결적 방식으로 움직이는 사고, ③ 문제 해결적 사고를 통해 장애물을 이해하고 이를 해결하는 건설적인 행동이다.

다음 장에서는 REBC에서 다루는 여덟 가지 주요 정서적 문제와 관련된 역경과 기본 태도, 그에 따른 결과들에 대해 표로 제시될 것이다.

정서적 문제와 건강한 대안을 이해하기 위한 표

이 장에서는 REB 코치가 피코치의 정서적 문제를 평가하고 이러한 문제에 대해 건강한 대안을 수립할 때 주로 사용하는 정보를 표 형식으로 제시한다.[1] 〈표 6-1〉부터 〈표 6-8〉을 참조할 때 다음 사항을 염두에 두자.

① 이 표에서 건강하지 못한 부정적 정서(UNE) 및 특히 건강한 부정적 정서(HNE)에 사용되는 용어는 처방이기보다는 제안이다. 코치는 피코치와 이러한 용어를 논의할 때 개인적으로 의미 있는 용어를 사용하는 것이 좋다.

② 〈표 6-1〉과 〈표 6-2〉에서 사용하는 '개인적 영역'의 의미는 "개인적으로 가치가 있다고 생각되는 것을 모두 포함하는 일종의 심리적 공간"(Dryden, 2011a: 25)이다. 이 용어는 인지치료를 창시한 아론 T. 벡(Aron T. Beck, 1976)에게서 유래되었다.

1) 열여덟 가지 일반적인 정서적 문제와 이에 대한 건강한 대안, 역경, 기본 태도 및 관련된 행동과 사고에 대한 안내서이다.

③ REBC는 피코치들이 역경('A')으로 간주하는 것이 사실이라는 것을 일시적으로 받아들이도록 장려하는 것을 지지한다는 점을 명심하라. 따라서 〈표 6-1〉부터 〈표 6-8〉에 요약된 건강한 정서적 · 행동적 · 인지적 결과('C'에서)는 항상 제시된 역경에 대한 반응들이다. 피코치들이 이러한 역경을 건강하게 처리하는 것을 도왔다면, 그들이 더 건강한 정신 상태에 있을 때, 'A'에 대한 인지적 왜곡을 했는지 여부를 한발짝 물러서서 검토해 볼 수 있도록 도울 수 있다. 그런 경우, 이를 수정하는 데 도움을 받을 수 있다.

다음 장에서는 REBC를 설명하는 좋은 정신건강과 건강한 심리생활의 원리에 대해 살펴볼 것이다.

■ **표 6-1** ■ **불안 대 걱정**

역경	• 자신의 개인적인 영역에서 위협에 직면하고 있다.	
기본 태도	경직되고 극단적임	유연하고 극단적이지 않음
정서	불안	걱정
행동	• 위협을 피한다. • 위협으로부터 물리적으로 벗어난다. • 위협을 예방한다(예: 의식적 행동, 미신적 행동). • 위협을 중화시키려 노력한다(예: 두려워하는 사람들에게 친절하게 대하기).	• 어떠한 안전추구 방법도 사용하지 않고 위협에 직면한다. • 위협을 다루기 위한 건설적인 행동을 취한다. • 위협을 대신 처리해 주거나 구조를 희망하며 타인에게 도움을 청하기보다는 스스로 위협에 직면하고 건설적인 해결방안을 찾아낼 수 있도록 타인의 도움을 청한다.

	• 다른 활동에 참여함으로써 위협으로부터 주의를 분산시킨다. • 위협이 사라졌거나 완화되었기를 기대하며, 위협의 상태를 반복해서 확인한다. • 위협이 별것 아니라는 확신을 타인으로부터 구한다. • 위협이 발생하면 다른 사람들이 이를 처리하거나 나를 구해 줄 수 있도록 지지를 구한다. • 위협 발생을 최소화하기 위해 또는 이에 대응하기 위해 과도한 준비를 한다(주의: 여기서 문제가 되는 것은 과도한 준비이다). • 불안한 감정을 진정시키려 위협을 생각하지 않는다. • 자신이 위협에 대처할 수 있다는 것을 스스로에게 증명하기 위해 훨씬 더 큰 위협을 찾는 취약성에 대한 과잉 보상 행동을 보인다.	• 위협에 맞는 준비를 하지만 과도하지는 않다.
후속 생각	**위협-과장된 사고** • 위협이 발생할 확률을 과대평가한다. • 위협에 대처할 수 있는 스스로의 능력을 과소평가한다. • 위협에 대해 반추한다. • 보다 더 부정적인 위협을 생각해 낸다. • 위협의 부정적인 결과를 최대화, 긍정적인 결과를 최소화한다. • 걱정 속에 과제와 관련 없는 생각에 몰두한다.	• 위협이 발생활 확률을 현실적으로 평가한다. • 위협을 현실적으로 바라본다. • 위협을 극복할 수 있는 스스로의 능력을 객관화시켜 본다. • 위협을 반추하기보다는 이를 건설적으로 다룰 수 있는 행동이 무엇인지 생각한다. • 불안보다는 과제 관련 사고를 한다. • 현실적인 방식으로 위협을 다루는 스스로를 상상한다.

	안전-추구 사고 • 위협으로부터 정신적으로 철수한다. • 위협이 임박하지 않았으며, 단지 그것을 '상상'하고 있다고 스스로를 설득하려 노력한다. • 자신을 안심시키기 위해 위협이 별것 아니며, 그렇지 않더라도 결과가 유의미한 것은 아니라고 생각한다. • 위협으로부터 주의를 돌린다(예: 안전과 웰빙에 대한 생각에 집중). • 위협이 발생하는 것을 최소화하기 위해 정신적으로 과도한 준비를 하거나 그것을 충족시킬 준비를 한다(주의: 여기서 문제가 되는 것은 과잉 준비이다). • 위협에 능숙하게 대처하는 스스로를 그려본다. • 훨씬 더 큰 위협에 효과적으로 대처하는 자신을 상상함으로써 취약성에 대한 느낌을 과도하게 보상한다.	

■ 표 6-2 ■ 우울 대 슬픔

역경	• 영역에서 사회 의존적 측면과 자율성 관련 측면에서 상실을 경험했다.[2] • 개인적 영역에서 사회관계적인 측면과 자율성 관련 측면에서 실패를 경험했다. • 자신 혹은 타인이 부당한 곤경을 경험했다.

2) "사회적 의존성은 개인적인 만족을 위해 다른 사람들에게 의존하고 그들에게 집중하게 만드는 신념, 행동 경향성 및 태도의 조합으로 정의된다. …… 자율성은 거의 반대로 작용하며, 자신의 독특함, 신체 기능 및 환경에 대한 통제에 집중하도록 하는 신념, 행동 경향성 및 태도의 조합으로 볼 수 있다." https://mentalhealthupdate.blogspot.com/2007/05/sociotropy-autonomy-and-depression.html(접속 일자: 2023. 8. 1)

기본 태도	경직되고 극단적임	유연하고 극단적이지 않음
정서	우울	슬픔
행동	• 과도하게 의존적이고 타인에게 매달린다(특히 관계적 우울일 경우). • 자신이나 타인의 운명을 한탄한다(특히 연민에 기반한 우울증에서). • 우울한 감정과 일치하는 환경을 조성한다. • 자기 파괴적인 방법으로 우울한 감정을 끝내려고 시도한다. • 자신을 위로하려는 시도를 밀어내거나(자율성 관련 우울증) 또는 그러한 편안함을 사용하여 의존성을 강화하거나(사회관계적 우울증), 자신 혹은 타인에 대한 연민을 강화한다(연민에 기반한 우울증).	• 애도 기간 후에는 스스로 강화를 찾는다(특히 상실이 주된 경험일 때). • 우울한 감정과 불일치하는 환경을 조성한다. • 상실과 실패, 부당한 곤경에 대한 감정을 표현하고 유의미한 타자에게 이러한 감정에 대해 불평불만 없이 얘기한다. • 슬픔의 감정을 표현하고 자신의 상실을 애도하는 데 도움이 되는 방식으로 자기 자신을 위로하도록 허락한다.
후속 생각	• 손실, 실패 또는 부당함의 부정적 측면만 본다. • 자신뿐 아니라 타인의 또 다른 손실, 실패 및 부당한 곤경을 생각한다. • 스스로를 도울 수 없다고 생각한다(무능력감). • 고통과 어둠만의 미래를 본다(무망감). • 타인에게 전적으로 의존하는 자신을 반복해서 생각한다(자율성 우울증). • 다른 사람들과 단절되었다고 본다(사회관계적 우울증). • 세상이 부당함과 불공평함으로 가득 찼다고 본다(곤란에 기반한 우울증). • 우울의 원인과 결과에 대해 반추한다.	• 손실 또는 실패의 부정적 측면과 긍정적 측면을 모두 인식할 수 있다. • 스스로를 도울 수 있다고 생각한다. • 희망을 가지고 미래를 바라본다.

■ 표 6-3 ■ **죄책감 대 후회**

역경	• 도덕과 윤리를 저버렸다. • 도덕과 윤리에 맞춰 살지 못했다. • 누군가의 감정을 상하게 했다.	
기본 태도	경직되고 극단적임	유연하고 극단적이지 않음
정서	죄책감	후회
행동	• 자기파괴적인 방식으로 죄책감의 건강하지 못한 고통에서 도망친다. • 자신이 위해를 가한 사람에게 용서를 구한다. • 다시는 '죄악'을 저지르지 않겠다고 비현실적으로 약속한다. • 신체적으로 스스로를 처벌하거나 제한한다. • 잘못에 대한 책임을 방어적으로 부인한다. • 행동에 대해 변명을 한다. • 용서에 대한 제안을 거절한다.	• 죄를 지었다는 인식에 수반한 건강한 고통에 마주한다. • 용서를 구하지만 구걸하지는 않는다. • 잘못의 원인을 이해하고 자신의 이해에 따라 행동한다. • 벌을 받음으로써 죄를 속죄한다. • 적절한 보상을 취한다. • 자신의 행동에 대해 변명하거나 다른 방어적 행동을 하지 않는다. • 용서에 대한 제안을 받아들인다.
후속 생각	• 명백히 죄를 저질렀다고 단정한다. • 상황이 보여 주는 것보다 더 많은 개인적 책임을 떠안는다. • 다른 사람이 지어야 할 책임을 훨씬 적게 부여한다. • 자신의 잘못을 경감시켜 줄 수 있는 가능한 요인들을 무시한다. • 죄책감 관련 맥락에서만 자신의 행동을 바라본 채 전체적인 맥락에서 이를 바라보지 못한다. • 응징당할 것이라고 생각한다.	• 죄의 여부를 판단할 때 모든 자료를 고려한다. • 적절한 수준에서 개인적 책임을 진다. • 다른 사람에게도 적절한 수준의 책임을 부여한다. • 감형 요인을 고려한다. • 전체적인 맥락에서 자신의 행동을 바라본다. • 응징보다는 처벌을 받을 수 있다고 생각한다.

■ 표 6-4 ■ **수치심 대 실망**

역경	• 자신 혹은 타인에 의해 자신(혹은 내가 동일시하는 집단)에 대한 매우 부정적인 일이 드러났다. • 스스로의 이상에 부합하지 못하는 방식으로 행동했다. • 다른 사람들이 자신(또는 내가 동일시하는 집단)을 실제로 경멸 혹은 기피하거나 그렇게 하고 있다는 생각이 든다.	
기본 태도	경직되고 극단적임	유연하고 극단적이지 않음
정서	수치심	실망
행동	• 타인의 '시선'으로부터 자신을 숨긴다. • 타인으로부터 스스로를 고립시킨다. • 나를 부끄럽게 만들었던 사람들을 공격함으로써 체면을 유지하려 한다. • 위협받은 자존감을 지키기 위해 자기파멸적 방식을 사용한다. • 사회적 균형을 회복하려는 타인의 시도를 무시한다.	• 사회적 상호작용에 적극적으로 참여하는 것을 지속한다. • 사회적 균형을 회복하려는 타인의 시도에 긍정적으로 반응한다.
후속 생각	• 드러난 정보의 부정적인 측면을 과대평가한다. • 판단자들이 정보를 알아차리거나 관심을 가질 정도에 대해 과대평가한다. • 자신(혹은 자신이 몸담고 있는 참조집단)이 받을 비판의 정도를 과대평가한다. • 비난이 얼마나 지속될지에 대해 과대평가한다.	• 연민과 자기 수용적인 관점에서 드러난 정보들을 바라본다. • 판단자들이 드러난 정보를 알아차리거나 관심을 갖는 정도를 현실적인 수준에서 판단한다. • 자신이나 자신이 속한 집단이 받게 될 비난 정도를 현실적으로 생각한다. • 비난이 얼마나 지속될지에 대해 현실적으로 생각한다.

■ 표 6-5 ■ **상처 대 애도**

역경	• 다른 사람들이 나를 함부로 대한다(자신이 그런 대우를 받을 이유가 없다고 생각한다). • 다른 사람들이 나와의 관계를 평가절하한다(즉, 내가 맺는 관계에 대해 그들은 내가 그 관계에 대해 생각하는 것보다 덜 중요하다고 생각한다).	
기본 태도	경직되고 극단적임	유연하고 극단적이지 않음
정서	상처	애도
행동	• 다른 사람들과의 소통을 중단한다. • 화가 나서 그 일의 세부 사항에 대한 언급 없이 상처받았다는 사실을 드러낸다. • 간접적으로 상대방의 잘못을 비난하거나 처벌한다. • 타인들로부터 얼마나 함부로 대해졌는지에 대해 성토하지만 스스로 기여했을지도 모르는 책임에 대해선 전혀 언급하지 않는다.	• 자신의 감정을 다른 사람에게 직접적으로 전달한다. • 상대방에게 보다 공정한 방식으로 대해 줄 것을 요청한다. • 균형 잡힌 방식으로 다른 사람들과 현 상황에 대해 논의하는데, 이때 자신이 타인으로부터 대우받은 방식뿐 아니라 그러한 상황에 기여한 바에 대해 책임지려 한다.
후속 생각	• 타인의 행동의 불공정함을 과도하게 평가한다. • 타인이 자신에 대해 관심이 없거나 냉담하다고 생각한다. • 나는 혼자이고 관심받지 못하며 오해를 받고 있다고 생각한다. • 상대방이 먼저 행동을 취해야 한다고 생각하면서 정작 스스로 먼저 무엇을 할 가능성에 대해서는 고려하지 않는다. • 과거의 '상처'를 떠올리는 경향이 있다.	• 타인의 행동에 대한 불공정성 인식이 현실적이다. • 다른 사람들이 함부로 대한 것은 있지만, 이를 자신에 대한 관심이 부족하거나 냉담하다는 증거로 보지 않는다. • 좋지 않은 상황에 놓여 있다고 생각은 하지만 상황과 직접적으로 관련되지 않은 사람들의 이해나 관심, 연대는 여전히 이어지고 있다고 생각한다. • 타인에게 먼저 다가가는 개방적 태도를 가지고 있다. • 과거의 상처가 생각나더라도, 상처를 입었을 때처럼 강렬하지도 빈번하지도 않다.

■ 표 6-6 ■ 건강하지 못한 분노 대 건강한 분노

<table>
<tr><th>역경</th><td colspan="2">• 어떤 식으로든 좌절했거나 혹은 중요한 목적을 향해가는 과정에서 장애물을 만났다고 생각한다.
• 누군가 나를 함부로 대한다.
• 누군가 나의 사적인 규칙 중 하나를 위반했다.
• 나 스스로 사적인 규칙 중 하나를 위반했다.
• 누군가 혹은 어떤 일이 나의 자긍심을 위협하거나 나를 무시한다.</td></tr>
<tr><th>기본 태도</th><td>경직되고 극단적임</td><td>유연하고 극단적이지 않음</td></tr>
<tr><th>정서</th><td>건강하지 못한 분노</td><td>건강한 분노</td></tr>
<tr><th>행동</th><td>• 물리적으로 상대방을 공격한다.
• 언어적으로 상대방을 공격한다.
• 수동-공격적으로 상대방을 공격한다.
• 다른 대상, 동물이나 사물에 화풀이를 한다.
• 공격적으로 물러난다.
• 상대방에게 맞서기 위해 무리를 조직한다.</td><td>• 상대방에게 자신의 의견을 주장한다.
• 타인에게 행동의 변화를 요청하지만 요구하지는 않는다.
• 문제를 해결하기 위한 조치를 취한 후 공격적이지 않은 상태로, 불미스러운 상황을 떠난다.</td></tr>
<tr><th>후속 생각</th><td>• 상대방 행동의 의도에 대해 과대평가한다.
• 타인의 관점에서 바라보지 못한다.
• 치밀한 복수를 계획한다.
• 타인의 동기에서 악의적인 면을 본다.
• 스스로는 당연히 옳고 타인은 명백히 틀렸다고 본다.
• 타인의 행동을 곰곰이 생각하며 이들을 이길 상상을 한다.</td><td>• 상대방에게 어떤 의도가 있다는 생각을 하더라도 동시에 이런 생각이 사실이 아닐 수 있음을 인식하고 있다.
• 타인의 관점에서 상황을 바라볼 수 있다.
• 가혹한 복수를 생각하기보다는 그저 이 일을 흘려 보내려 한다.
• 타인의 동기에서 악의적인 요소가 있다는 생각이 들어도 사실이 아닐 수 있음을 생각한다.
• 자신이 온전히 옳기만 한 것도, 타인이 온전히 틀린 것만도 아니라고 생각한다.</td></tr>
</table>

■ 표 6-7 ■ **건강하지 못한 질투 대 관계에 대한 관심(건강한 질투)**

역경	• 제3의 인물로부터 파트너와의 관계에 대한 위협이 제기된다. • 첫 번째 위협 상황에서 파트너의 위치나 행동, 또는 생각에 대한 불확실성에 직면할 때, 위협을 느낀다.	
기본 태도	경직되고 극단적임	유연하고 극단적이지 않음
정서	건강하지 못한 질투	관계에 대한 관심(건강한 질투)
행동	• 연인에게 끊임없는 확인을 요구한다. • 파트너의 행동과 감정에 대해 모니터링한다. • 다른 누군가와 파트너가 관련이 있다는 증거를 찾는다. • 파트너의 동선이나 활동을 제한하려 시도한다. • 파트너가 통과해야만 하는 시험을 만든다. • 파트너의 외도를 의심하며 앙갚음한다.	• (자신의) 요구에 의해 파트너가 사랑을 확인시켜 주는 대신 자연스럽게 자신에 대한 사랑을 표현하게 한다. • 파트너의 행동이나 감정, 위치 등을 모니터링하지 않고, 자유로운 생활을 영위하게 한다. • 의도된 테스트 없이 자연스럽게 이성의 구성원들에게 관심을 보이는 것을 허락한다. • 개방적이고 비난하지 않는 방식으로 자신의 관계에 대한 관심과 염려를 파트너와 소통한다.
후속 생각	• 관계에 존재하는 위협 요인을 과장한다. • 관계의 상실이 임박한 것처럼 생각한다. • 당신의 파트너가 주변의 다른 사람들과 나누는 일상적인 대화를 낭만적이거나 성적인 의미를 가진 것으로 오해한다. • 파트너의 외도를 시각적으로 상상한다. • 만약 자신의 파트너가 다른 사람에게 매력을 느낀다고 인정하면, 자신보다 다른 사람들이 매력적이라고 생각하며, 결국 파트너가 자신을 떠나 다른 사람에게 갈 것이라 생각한다.	• 자신과 파트너의 관계에 존재하는 어떠한 위협도 과장하지 않는다. • 관계의 상실이 임박했다고 생각하지 않는다. • 파트너와 다른 사람과의 정상적인 대화를 오해하지 않는다. • 파트너의 외도를 상상하지 않는다. • 파트너가 다른 사람에게 매력을 발견하는 것을 받아들여도 이를 위협으로 보지는 않는다.

■ **표 6-8** ■ **건강하지 못한 시기 대 건강한 시기**

역경	• 자신이 갖지 못했지만 열망하는 것을 타인이 소유하고 즐긴다.	
기본 태도	경직되고 극단적임	유연하고 극단적이지 않음
정서	건강하지 못한 시기(envy)	건강한 시기
행동	• 자신이 열망하는 것을 소유한 사람을 언어적으로 폄하한다. • 자신이 열망하는 것을 다른 사람들에게 언어적으로 폄하한다. • 만약 기회가 있다면, 다른 사람으로부터 원하는 소유물을 빼앗을 것이다(그래서 자신이 소유하게 되거나 타인이 그것을 잃게 되도록). • 만약 기회가 있다면, 상대방이 그것을 갖지 못하도록 원하는 소유물을 망치거나 파괴할 것이다.	• 자신이 진정으로 원하는 소유물을 얻기 위해 노력한다.
후속 생각	• 마음속에서 원하는 소유물 또는 그것을 소유한 사람의 가치를 폄하하는 경향이 있다. • (비록 그렇지 않더라도) 자신이 가진 것으로 행복하다고 스스로를 안심시키려 한다. • 유용성에 상관없이 원하는 것을 소유하기 위한 방법을 고민한다. • 원하는 바를 타인에게서 어떻게 빼어올지를 고민한다. • 다른 사람들이 가지고 있지만 자신은 가지고 있지 않은 모든 것을 생각한다.	• 원하는 바를 소망하는 스스로의 모습을 솔직히 인정한다. • 현재의 소유에 행복하지 않다면 애써 이를 감추며 스스로 행복하다고 안심시키려하지 않고 솔직히 인정한다. • 원하는 바를 얻기 위한 방법을 고민하는데, 이는 그것을 원하는 데에는 건강한 이유가 있기 때문이다. • 타인을 폄하하거나 어떤 대상을 폄하하는 것 없이 원하는 바를 가진 사람들이 이를 즐기는 것을 인정할 수 있다. • 다른 사람들이 가진 것과 그렇지 않은 것, 자신이 가진 것과 그렇지 않은 것을 모두 생각한다.

REBC가 제안하는 좋은 정신건강과 건강한 심리생활의 기준

이 장에서는 REBC 실제에서도 적용할 수 있는 좋은 정신건강과 건강한 심리생활을 촉진하기 위한 일련의 원칙을 개략적으로 설명한다. 역경을 효과적으로 이겨 내는 데 핵심이 되는 것으로 알려진 REBC의 네 가지 태도를 논하는 것부터 시작한다. 피코치는 그들이 찾고 있는 코칭이 어떤 종류이든 역경에 직면할 수 있기 때문에, 이러한 태도들을 갖출 수 있다면 건강한 기능의 토대를 세울 수 있으리라 생각한다.

1. 유연하고 극단적이지 않은 태도

이 책에서 여러 번 언급했듯이, REBC의 특징 중 하나는 유연하고 극단적이지 않은 태도이다. 이는 건강한 기능의 특징이자 역경에 직면했을 때 취해야 할 핵심적인 태도이다. REBC 이론에서는 유연한 태도가 건강한 기능의 핵심이며, 극단적이지 않은 태도는 이러한 유연한 태도에서 비롯된다고 주장한다. 이번 장에서는 이러한 태도를 매우 간략하게 검토한다.

1) 유연한 태도

만약 피코치가 유연한 태도를 가지고 있다면, 자신이 원하는 것을 인식하더라도, 이를 반드시 얻어야 한다고 요구하지 않을 것이다.

2) 비파국적 태도

만약 피코치가 비파국적인 태도를 보이지 않는다면, 그들의 경직되지 않은 욕구가 충족되지 않더라도 기분은 나쁘지만 세상이 끝난 것은 아니라는 것을 인식할 수 있다.

3) 불편감을 견디는 태도

만약 피코치가 불편감을 견디는 태도를 가지고 있다면, 자신의 경직되지 않은 욕구가 충족되지 않는 상태를 인내하는 것이 어렵기는 하지만 참아 낼 수 있으며, 그것이 자신에게 가치 있는 일이라는 입장을 견지하고 기꺼이 그렇게 할 것이라 다짐하며 실행에 옮긴다.

4) 수용적 태도

피코치가 수용적 태도를 유지한다면, 자신의 욕구가 충족되지 못한 것에 대해 불편하고 아쉬운 마음이 드는 한편, ① 결과에 대한 책임이 일차적으로 자신에게 있다 하더라도 스스로를 실수할 수 있고, 유동적이고, 복잡하며, 평가할 수 없는 독특한 한 인간으로서의 자기 자신을 무조건적으로 받아들일 것이다. 동시에 ② 결과에 대한 책임이 일차적으로 타인에게 있다 하더라도 타인 역시 실수할 수 있고 유동적이며, 복잡하고, 평가할 수 없는 독특한 개인이라는 점을 무조건적으로 받아들인다. 그리고 ③ 그들은 '인생'이라는 것이 이 모든 일에 일차적으로 책임이 있더라도, 삶 자체가 복잡하고, 평가할 수 없으며, 유동적임을 받아들인다.

2. 기타 원칙

REBC가 제안하는 양질의 정신건강과 심리생활을 촉진하는 몇 가지 다른 원칙이 제시될 것이다.

1) 개인의 책임감

피코치가 개인적 책임을 진다는 것은 그들이 통제할 수 있고 통제할 수 없는 것이 무엇인지 인식하고, 자신이 통제할 수 있는 것에 대해서만 책임을 진다는 것을 의미한다. 피코치가 스스로를 탓하지 않고 실패에 대해 연민 어린 이해와 반영적인 수정 행동을 보이도록 돕는 것이 중요하다.

2) 과학적 사고와 비유토피아적 관점

피코치가 과학적으로 생각할 때, 그들은 자신의 추론을 사실 자체로 보기보다는 현실을 이해하기 위한 직감으로 보고, 이러한 추론의 정확성을 검증하기 위해 사용 가능한 증거를 찾으려 한다. 그러한 과학적 사고는 단순히 매력적으로 보이거나 권위자가 이를 사실이라고 주장하기 때문에 받아들이기보다는 회의적으로 바라볼 수 있도록 한다. 이러한 피코치는 독립적인 태도를 가지고 있다. 궁극적으로, 코치는 과학적 관점을 통해 피코치가 꿈꾸는 유토피아에는 다다를 수 없다는 것을 받아들이도록 하며, 자신이 원하는 모든 것을 얻을 수도 없고 일생을 살아가며 종종 좌절을 경험한다는 것 역시 받아들이게 한다.

3) 자기-이익 인식하기

피코치가 자기-이익을 인식(Enlightened Self-Intrest: ESI)하게 되었을 때, 이들은 스스로가 자신의 이익을 돌보지 않으면 그 누구도 해 주지 않는다는 것을 알아차리게 된다. 그러나 ESI를 경험한 피코치는 때때로 자신의 이익보다 다른 사람의 이익을 우선시하기도 한다. ESI는 유연한 입장으로, 다른 사람의 이익에 대한 관심 없이 자신의 이익만을 무자비하게 추구하는 이기주의와는 다르다. 피코치가 ESI를 인식하고 있지 않다면, 이들은 코칭에 완전히 전념하지 않을 것이다.

4) 사회적 관심

ESI를 가진 피코치는 사회적 관심으로부터 철수되어 있지 않다. 이들은 자신에게 무슨 일이 일어나고 있는지 진심으로 염려하며 자신의 복지와 행복에 관여하고 있기 때문에, 타인에 대해서도 지속적으로 관심을 보인다.

5) 사회적 맥락에서의 자기 주도성

앞서 책임감이 중요한 원칙이라고 언급하였다. 이는 다른 사람들과의 협력을 선호하는 동시에 피코치가 상당 부분 자기 주도적이라는 것을 의미한다. 이러한 과정에서 비록 바람직한 경우라 해도 타인의 도움이나 지원을 필요로 하지 않는다. 너무 잘나서 도움을 요청하지 않는 것은 아니며, 도움을 요청하는 것에 대해 스스로를 약하다고 여기지도 않는다.

6) 불확실성에 대한 인내

불확실성을 제거하고자 피코치가 충동적으로 행동하지 않도록 하는 동시에 위험을 감수하도록 돕기 위해서는 불확실성에 대한 인내가 중요하다. 코칭 과정에서 불확실성이 용인되는 것도 중요하다. 왜냐하면 피코치는 행동을 취할 때 그들의 행동 결과를 알지 못하지만, 행동을 취하지 않으면 목표와 목적을 달성할 수 없기 때문에 불확실성을 인내하는 것이 중요하다.

7) 의미 있는 목표에 대한 강한 전념

3장에서 지적했듯이, 피코치가 외부의 의미있는 활동에 깊게 몰입되어 있을 때 보다 건강하고 행복해하는 경향이 있다. 코치는 피코치가 자신을 격려하고, 설사 타인에게 낯설게 보일 지라도, 스스로 의미를 발견한 활동을 목표로 삼도록 격려하며 도움을 줄 수 있다.

8) 계산된 위험의 감수

인생(혹은 코칭)에서 가장 많은 것을 얻는 사람들은 위험을 감수하는 경향이 있고 실패할 가능성이 높은 곳에서도 그들이 하고 싶은 일을 하려고 노력하는 사람들이다. 코치는 피코치가 이를 하도록 격려할 필요가 있다. 만약 실패한다면 피코치가 무조건적인 자기 수용의 원칙을 적용할 수 있도록 도와야 한다.

9) 장기적 · 단기적 쾌락주의: 건전한 균형

피코치가 단기적 쾌락주의가 아닌 장기적 쾌락주의의 원칙에 따라 움직일 경우, 만약 단기적 쾌락주의가 그들의 장기적 목표 추구를 방해한다면 이들은 단기적 쾌락을 포기할 가능성이 있다. 그러나 만약 피코치가 단기적으로 그들이 원하는 것 중 일부를 얻지 못한다면, 삶은 지루하고 즐겁지 않을 것이다. 따라서 장기적 쾌락주의와 단기적 쾌락주의 사이에서 균형을 이루는 것이 중요하다.

10) 회복탄력성

회복탄력성을 보이는 피코치는, 역경에 직면할 때 처음에는 혼란스러운 반응을 보일지라도, 곧 정상적으로 반응을 보이게 된다. 또한 그들은 경험을 회피하기보다는 경험을 마주하고 대응할 수 있다. 마지막으로, 그들은 경험을 통해 생산적인 방식으로 변화한다. 조셉(Joseph, 2013)이 말하는 '외상 후 성장'을 경험하는 것이다.

11) 삶에 대한 과정적 관점

삶에 대해 과정적 관점을 취하게 되면, 피코치는 자신의 목적과 목표를 달성한 때에도 이를 유지해야 하며, 확장될 수 있다는 것을 알게 된다. 이러한 관점은 발달과 성장이 단순히 코치와의 코칭 관계 기간에 국한된 것이 아니라 삶의 전체 과정에서 발생한다는 것을 이해하는 데 도움이 될 것이다. 그러므로 코치는 필자가 '자조적(self-help) 철학'이라 지칭한 것을 피코치가 받아들일 수 있도록 해야 한다.

12) 자조적 철학

자조적 철학은 피코치가 코칭으로부터 배울 수 있는 것을 실천에 옮기는 책임을 지고, 학습의 경험을 삶의 다른 분야에 적용하도록 허용한다. 반면, 그들은 미래의 어느 순간에 다른 사람들로부터 도움을 받아야 할지도 모른다.

13) 문제 해결 사고방식

피코치는 코칭과 삶에서 모두 문제를 경험할 수 있으며, 따라서 파머(Palmer, 2008)가 개발한 'PRACTICE' 양식과 같은, 유용한 문제 해결 방법론 중 하나를 사용하여 문제 해결 사고방식을 채택하는 것이 최선이다. 이 사고방식은 문제의 존재 자체가, 비록 지금 이 순간 발견하지 못했을 지라도 언젠가 발견할 수 있는 해결책을 가지고 있다고 인식한다. 그러나 그러한 사고방식에는 모든 문제가 반드시 해결책을 가지고 있는 것은 아니라는 현실을 받아들이는 것도 포함된다.

14) 강점 및 자원

피코치는 다양한 강점과 자원을 가져와 코칭 과정에서 사용한다. 피코치가 이를 할 수 있도록 돕는 것이 코치의 중요한 업무 중 하나이다. 간단히 말해, 강점은 피코치가 자신의 목표나 목적을 달성하는 데 도움을 줄 수 있는 내적 속성이나 성격 특성으로 구성된 반면, 자원은 이 과정에서 코치를 도울 수 있는 실용적인 도구나 사람들이다.

15) 가치

코칭의 맥락에서 가치는 피코치가 그들의 삶에서 매우 중요하다고 여기는 것에 대한 판단으로 정의될 수 있다. 피코치가 이것들을 발견하고 활용하는 것이 중요하다. 피코치가 추구하는 목표와 목적이 중요한 가치에 의해 뒷받침된다는 것을 알게 되면, 그렇지 않을 때보다 훨씬 더 목표 달성에 전념하게 된다.

이 장에서 열거한 원칙은 피코치가 코치와 함께 작업할 때 사용할 수 있는 지침으로 볼 수 있으며, 여러 다양한 피코치에 따라 여러 다른 원칙이 적용될 수 있음을 명심해야 한다. 이러한 원칙에 근거하여 REBC를 설명하는 몇 가지 방법이 있다. 예를 들어, 피코치는 자신의 문제를 해결하거나 발달-기반 목적을 달성하기 위해 관련된 것을 선택할 수 있도록 간단한 설명이 포함된 원칙 목록을 제공받을 수 있다. 혹은 다른 피코치에게 코칭 개입을 안내하기 위해 이러한 원칙의 체크리스트를 보조 자료로 사용할 수도 있다. 그러나 코치는 이러한 원칙을 고정되고 매뉴얼화된 형식으로 적용하기보다는 피코치와 함께 선택할 수 있는, 유동적인 방식으로 사용해야 한다는 점을 명심해야 한다.

다음 장에서는 일반적으로 효과적인 코치의 유용한 특성뿐 아니라 특히 효과적인 REB 코치의 고유 특성을 살펴본다. 효과적인 REB 코치는 이러한 두 가지 특성에 대한 공정한 잣대가 필요하다.

유능한 REB 코치의 특성

필자의 관점에서, REB 코치로서의 유능성을 촉진하는 일반적 특성과 구체적 특성이 있는 것 같다. 이 장에서는 이 두 가지 모두를 다룰 것이다.

1. REB 코치에게 유용한 일반적 특성

이 절에서는 자신의 코칭 접근 방식에 상관없이 REB 코치로서 스스로를 유능하게 만드는 데 필요한 '일반적' 특성들에 대해 개략적으로 설명한다.

1) 유능한 코치는 피코치와 작업 동맹을 맺고 유지하며 적절히 종결할 수 있다

코칭 동맹에 대해 드라이든(Dryden, 2017)이 지적하였듯이, 유능한 코치는 피코치와 좋은 작업 관계를 만들고 유지할 수 있으며, 때가 되면 향후 피코치의 셀프-코치 능력을 촉진하는 방식으로 이러한 관계를 종결할 수 있다(10장 참조).

2) 유능한 코치는 전문가이다

코칭이 두 사람 사이의 관계이기는 하지만, 그럼에도 불구하고 한쪽, 즉 코치가 전문적인 역할을 담당하는 것은 사실이며, 따라서 코치가 최고 수준으로 자신의 역할을 수행하고 적절한 윤리 강령을 준수하는 것이 중요하다.

3) 유능한 코치는 피코치의 발달과 정신적 웰빙을 위해 헌신한다

상담사 혹은 심리치료사가 아닌 코치가 되려는 이유와 관련하여 자세한 연구는 없지만, 코치는 심각한 심리적 문제가 있는 사람들보다는 함께 작업하는 사람들의 발달과 웰빙을 촉진하는 데 보다 끌린다는 것이 필자의 견해이다. 한편으로, 경도 혹은 중등도 수준의 정서적 어려움을 가진 사람들을 기꺼이 돕기도 한다(Cavanagh, 2005 참조).

4) 유능한 코치는 적극적 경청자이다

일반적으로 알려져 있다시피 타인을 돕는 분야의 모든 전문가는 좋은 적극적 경청자가 될 필요가 있으며, 이는 REB 코치에게도 해당된다. 적극적인 경청은 코치가 일반적으로 피코치가 하는 말에 관심이 있다는 것을 드러낼 때 나타난다. 이때, 코치는 자신의 참조 양식으로 피코치를 이해하려 하는 의도를 전달한다. 그러나 일반적으로 이 규칙에서 제외되는 것은 코치가 자신의 질문에 피코치가 대답했는지 여부를 결정하기 위해 주의 깊게 들을 때이다. 이는 코칭에 있어 중요한 기술이며, 코치와 피코치 두 사람이 코칭 작업에 집중할 수 있도록 도와준다.

5) 유능한 코치는 효과적이고 유연한 의사소통자이다

앞서 언급하였듯이, 적극적 경청에는 코치가 이해하고자 하는 의도 전달이 포함된다. 코칭에서 또 다른 의사소통 능력이 중요한데, 특히 피코치의 이해 수준에 맞는 단어를 사용하여 코치가 말하는 것을 피코치가 이해할 수 있는 속도로 전달하는 능력이 필요하다. 그러므로 유능한 코치는 피코치에 따라 다르게 의사전달을 할 수 있다.

6) 유능한 코치는 피코치가 코칭 동안 자신의 강점과 자원을 인식하고 사용할 수 있도록 격려한다

피코치는 코칭 과정에서 내적 강점을 이끌어 내고 외적 자원에 접근할 수 있어야 한다. 유능한 코치는 이를 잘 알고 자신의 피코치가 코칭을 통해 이를 인식하고 사용할 수 있도록 한다.

7) 유능한 코치는 피코치와 확산적 · 수렴적 작업 모두를 편안하게 진행할 수 있다

'확산적 사고'는 한 지점에서 밖으로 뻗어나가는 사고를 말하는 반면, '수렴적 사고'는 한 지점으로 모여드는 사고를 말한다. 어떤 피코치는 확산적 사고를 편안해하지만, 또 어떤 피코치는 수렴적 사고에 편안함을 느끼기도 한다. 좋은 코치는 코칭 과정 중 적절한 시점에서 피코치의 확산적 · 수렴적 사고 모두를 생산적으로 다룰 수 있다.

8) 유능한 코치는 전략과 목적을 가지고 피코치에게 개입할 수 있다

수련감독자로서 필자의 경험을 보면, 사람들이 가장 힘들어하는 기술 중 하나는 피코치가 말을 할 때 끼어드는 일이다. 그러나 유능한 코치는 이를 수행할 수 있어야 하며, 이에 대한 합리적인 이유를 설명하면서 재치 있게 끼어들 수 있어야 한다. 사실 코치는 앞으로 그러한 일들이 생길 수도 있다는 점을 미리 설명하고, 필요하다면 끼어들어도 좋다는 허락을 미리 구하는 것이 좋다. 피코치에게 개입하지 않는 코치는 그들이 코칭 과제에 집중할 수 있도록 돕는 데 실패할 것이다.

9) 유능한 코치는 자신의 개입에 대한 설명을 제시한다

앞에서 언급한 것처럼, 피코치에게 코치가 개입하는 원리에 대해 설명하는 것이 유용하다. 유능한 코치는 개입의 거의 대부분에 대한 근거를 설명하며, 이러한 개입을 사용하는 것과 관련해 피코치의 동의를 이끌어 낸다. 그러나 일부 코치에게는 이러한 입장의 과도한 사용이 오히려 역효과를 가져올 수도 있다.

10) 유능한 코치는 피코치가 사용할 수 있는 피드백을 제공한다

피코치가 사용할 수 있는 방식 내에서 자신의 기능의 중요한 측면에 대한 피드백을 피코치에게 제공하는 것은 코칭에서 매우 중요하고 유용한 요소이다. 코치 '자신만의' 피드백 과정에서 그에 대한 근거와 피코치의 반응을 살펴보는 일련의 작업이 이루어지며 그에 대해 충분히 논의를 할 수 있다.

11) 유능한 코치는 돌봄의 입장에서 피코치에 대해 도전한다

때로, 유능한 코치는 자신의 피코치에게 도전하거나 맞서야 한다. 피코치가 스스로를 잘못된 방향으로 이끌며 말과는 다른 방식으로 행동하려 할 때 이런 도전이나 직면이 발생할 수 있다. 이러한 도전이나 직면의 좋은 예는 TV 탐정물 〈콜롬보(Columbo)〉의 주인공 형사를 들 수 있다. 드라마에서 그는 모방할 수 없는 자신만의 방식으로 다음과 같이 말하곤 한다. "여기 저 좀 도와주시죠. 당신은 정직이 중요하다고 말하면서 정작 진실이 아닌 말만 할 뿐이에요. 이해하기 힘들군요."

12) 유능한 코치는 자신의 발달과 정신적 웰빙에 전념한다

코치는 자기 자신의 발달을 도모하고 건전한 정신건강을 유지하는 데 전념할 필요가 있다. 이는 자신을 위해서뿐 아니라 피코치에서 좋은 역할 모델이 되기 위해서도 필요하다.

2. REBC에 특화된 유능한 코치의 특성

이 절에서는 REBC 활용에서 효과적으로 사용될 수 있도록 REB 코치가 갖춰야 할 구체적 특성들을 개략적으로 설명한다.

1) REB 코치는 구조화된 양식을 사용하는 데 편안함을 느낀다

REBC는 구조화된 형태의 코칭이기 때문에 효과적인 REB 코치는 이러한 구조에 익숙해야 하지만, 필요시에는 덜 구조화된 방식으로 작업할 수 있을 만큼 유연해야 한다.

2) REB 코치는 철학적 사유를 즐긴다

REB 코치는 지적, 인지적, 철학적으로 사유하는 경향이 있으며, 그들에게 이러한 경향을 온전히 표현할 수 있는 기회를 REBC가 제공할 수 있기 때문에 매력을 느낀다.

3) REB 코치는 적극적-지시적인 것에 편안함을 느낀다

REBC가 적극적-지시적 방식으로 수행되는 것이 권장되었기 때문에(Ellis, 1994), 유능한 REB 코치 역시 일반적으로 이러한 적극적-지시적 방식을 자유롭게 운용할 수 있으며, 종종 숙련된 교사 혹은 의사소통자인 경우가 있다. 그렇더라도 이들은 피코치에 따라 유연하게 자신의 대인관계 방식을 변화시킬 수 있어 피코치의 발달을 촉진하는 최선의 상태를 제공할 수 있다. 예를 들어, REB 코치는 종종 뛰어난 유머감각을 가지고 있는데, 모든 피코치에게 필요한 것은 아니더라도 코칭에서 적절히 이를 사용할 수 있다.

4) REB 코치는 REBC의 행동 요소를 편안하게 받아들인다

REBC가 강조하는 것처럼, 피코치는 코칭에서 파생된 통찰력을 자신의 일상생활에서 실천으로 옮기는 것이 중요하다. 결과적으로 유능한 REB 코치는 피코치 변화를 촉진하기 위한 행동 기법을 사용하는 것에 익숙할 뿐 아니라, 피코치가 과제를 할 때 종종 요구하는 적극적인 격려를 제공하는 데도 능숙해야 한다.

5) REB 코치는 REBC 실행에 있어 유연해야 한다

유연성은 아마도 REBC가 옹호하는 모든 개념 중 가장 중요한 개념일 것이다. 유연한 REB 코치는 피코치에게 가장 도움이 되는 요소들에 대한 자신만의 주관을 가지고 있지만, 이러한 생각에 고루하게 집착하지는 않는다. 비록 이들이 어떤 지점에서는 피코치의 관점에 따라 인도되더라도, 자신의 전문가적인 견해에서 볼 때 피코치의 발전이나 장기적으로 건강에 해로울 수 있는 관행을 그대로 따르지는 않을 것이다. 피코치와의 관점 차이는 유능한 REB 코치가 피코치를 존중하며 토론에 참여시킴으로써 해결될 수 있다.

6) REB 코치는 위험을 감수할 준비가 되어 있다

유능한 REB 코치는 자신의 가치를 피코치의 목표 달성 여부에 두지 않기 때문에, 그리고 피코치의 인정 여부에 연연하지 않기 때문에 실패에 대해 거의 두려움을 갖고 있지 않다. 따라서 이들은 위험을 감수해야 하는 상황에서도 이를 두려워하지 않는다.

7) REB 코치는 자신과 타인을 수용한다

유능한 REB 코치는 자신과 피코치 모두를 실수하기 쉬운 인간으로서 무조건적으로 수용할 것이므로, 자신의 실수뿐 아니라 피코치의 다소 무책임해 보이는 행동에 대해서도 관대한 편이다. 효과적인 코칭에서, REB 코치는 자신의 오류를 기록하고 그와 같은 오류가 미래의 다른 피코치에게 발생하지 않도록 노력한다. 그러나 실수할 수 있다는 것 때문에 스스로를 비난해서는 안 된다.

8) REB 코치는 불편감을 견딜 수 있다

REB 코치는 불편감을 견디는 태도를 가지고 있거나 이를 성취하기 위해 지속적으로 노력하는 경향이 있다. 이러한 경향성은 피코치가 본받을 수 있는 좋은 모델인 동시에 피코치가 원하는 것보다 느린 진전을 보일 때 낙담하지 않도록 하는 데 도움이 된다.

9) REB 코치는 좋은 REB 역할 모델이다

7장에서 개략적으로 언급하였듯이, 유능한 REB 코치는 좋은 정신건강과 건강한 심리생활의 기준에서 높은 점수를 받을 가능성이 있으며, 따라서 피코치에게 좋은 역할 모델이 될 수 있다.

다음 장에서는 REBC를 가장 많이 활용할 수 있고 '좋은 REB 피코치'라고 할 만한 피코치의 특징을 다룰 것이다.

좋은 REB 피코치의 특성

앞서 언급한 것처럼, 어떤 접근인가에 상관없이 코칭을 잘 활용할 수 있도록 하는 피코치의 일반적 특성과 REBC를 잘 활용할 수 있도록 하는 구체적 특성이 있다. 이 장에서는 이에 대해 논의해 본다.

1. 유용한 일반적 피코치 특성

어떤 코칭이든지 피코치에게 도움이 될 수 있는 일반적인 성격 특성부터 시작해 보자.

1) 좋은 REB 피코치는 코칭을 통해 얻고자 하는 점이 명확하다

피코치에게 코칭이 제공될 때 그것이 좋은 아이디어라고 생각이 들거나 코칭을 통해 이득을 얻기 원할 때, 뚜렷한 목적이나 목표가 없다면 문제가 될 수 있다. 코칭을 통해 얻고자 하는 점이 명확하거나 외적인 것보다는 내적인 목표 혹은 목적을 가진 경우 피코치는

REBC를 통해 가장 많이 도움을 받을 수 있다.

2) 좋은 REB 피코치는 자신의 코치와 좋은 신뢰 관계를 맺을 수 있다

카렌 호나이(Karen Horney, 1945)에 따르면, 사람들과 관계를 맺는 주요 대인관계 방식 세 가지가 있다. 즉, ① 사람들에게 다가가기, ② 사람들로부터 멀어지기, ③ 사람들과 대립하기이다. 일반적으로 코칭은 피코치가 코치에게 다가오는 관계 양상을 보일 때 보다 효과적으로 작용하며, 또한 코치와 빠르게 관계를 형성할수록 좋다. 또한 신뢰를 쌓는 것이 중요한데, 자신의 코치는 믿을 만하며 이를 반박할 만한 증거가 없다고 믿는 피코치는 선천적으로 의심이 많은 사람에 비해 코치와 보다 잘 관계를 맺을 수 있다.

3) 좋은 REB 피코치는 코칭 과정에서 강점과 자원을 활용한다

앞 장에서, 유능한 코치의 일반적 특성은 피코치로 하여금 코칭 과정에서 사용 가능한 원래의 강점과 자원을 인식하도록 하는 데 기여한다고 언급했다. 그러나 이는 피코치가 이를 사용하기로 결심했을 때에만 유용하다. 이를 사용하는 피코치는 코칭 과정에서 좀 더 많은 것을 얻는 반면, 그렇지 않은 피코치는 코칭에서 별반 얻어가지를 못한다.

4) 좋은 REB 피코치는 회기를 준비한다

오늘날처럼 바쁘게 사는 삶 속에서 피코치는 종종 준비가 부족한 상태로 코칭 회기에 참여한다. 어떤 사람은 코치의 사무실에 들어서서야 받고 있던 전화를 끊기도 한다. 코칭 회기를 미리 준비하는 피코치일수록 그렇지 않은 사람에 비해 더 많은 것을 회기로부터 얻어갈 수 있다.

5) 좋은 REB 피코치는 코칭 회기를 되짚어 보는 데 시간을 들인다

앞에서 지적했듯이, 만일 피코치가 코치의 사무실을 떠나자마자 일상으로 다시 들어간다면, 코칭이 끝난 후에 30분 동안 코칭 회기에 대해 숙고할 시간을 갖고 배운 것을 실행에 옮길 준비를 하는 사람들만큼 배운 것을 소화하지 못한다.

6) 좋은 REB 피코치는 코칭 과정에 적극적으로, 기꺼이 참여한다

필자의 관점에서 보면, 대부분의 코치는 피코치가 적극적으로 코칭 과정에 참여하도록 한다. 실제로 필자는 아직까지 좋은 코칭의 결과물 지표로서 피코치의 수동성을 포함시키는 코치를 본 적이 없다. 이러한 일반적 관점을 공유하며 코칭 과정에 적극적으로 참여하는 모습을 보여 주는 피코치는 코치가 '떠먹여 주는 것'을 기다리는 피코치에 비해 보다 나은 실적을 보인다. 피코치가 코칭 과정에 적극적으로 참여하고 있다는 것을 보여 주는 좋은 표식은 피코치가 코치에 의해 유도된 것 없이도 코칭 과정에서 자신에게 보다 효과적인 것이 무엇인지에 대한 자신만의 생각을 공유하는 모습이다.

7) 좋은 REB 피코치는 자기 반영적 혹은 자신의 행동을 모니터링할 수 있다

자기반영적인 피코치가 그렇지 않은 사람들보다 코칭 과정에서 더 많은 효익을 얻을 것이라는 것은 매우 명확해 보이지만, 특히 피코치가 비전이나 사고, 정서 등과 같은 내적 과정에 초점을 둘 필요가 있을 때 더욱 그렇다. 반면, 코칭 과정에서 어떤 사람에게는 보다 행동적인 초점이 매우 유용할 수도 있다. 그러한 경우, 자신의 행동을 모니터링할 수 있는 능력은 매우 중요한 특성 중 하나가 된다.

8) 좋은 REB 피코치는 확산적 사고와 수렴적 사고를 할 수 있다

피코치가 주로 확산적 사고방식을 가졌다면, 탐색하고 넓은 시야로부터 패턴을 발견하고 연결 고리를 만들어 내는 것이 매우 쉬운 반면, 수렴적 사고방식에 해당하는 초점화하고 집중하는 것은 잘하기 어렵다. 비록 하나의 사고방식에서 다른 사고방식으로 전환할 수 있는 능력을 지닌 피코치가 코칭에서 좋은 결과를 얻을 수 있더라도, 만일 코칭 과정이 피코치의 자연스러운 사고방식과 일치하는 사고방식으로 진행된다면, 피코치는 코칭 작업이 자신의 사고방식과 일치할 때 더 나은 결과를 얻을 수 있을 것이다.

9) 좋은 REB 피코치는 스스로에게, 그리고 코치에게 정직하다

만일 피코치가 자신과 코치에게 정직하지 못하다면, 이들 코칭의 기초는 허술하고 불안정할 것이며, 따라서 지속적인 결과물을 거의 얻지 못할 것이다. 따라서 자기-정직성과 코치와 관련된 정직함은 효과적인 코칭의 필수적인 요소이다.

10) 좋은 REB 피코치는 건강하게 회의적이다

피코치가 코치의 생각에 마음을 여는 것은 중요하지만, 코치의 권위에 근거해서 혹은 코치를 좋아하기 때문에 그들의 생각을 반드시 수용할 필요는 없다. 이런 연유로 건강한 회의론은 피코치로 하여금 계속해서 그런 생각들에 도전하고 질문하고 명료화하게 만들기 때문에 코칭 과정에 도움이 된다.

11) 좋은 REB 피코치는 피드백을 구하고 수용한다

피코치가 진심으로 스스로를 발달시키는 데 관심이 있을 때, 코치의 피드백을 받아들일 뿐 아니라 적극적으로 이를 구하며, 일단 그에 대해 생각하고 소화했다면 적극적으로 이를 사용한다. 이러한 일은 상당한 양의 무조건적인 자기 수용을 필요로 한다. 이에 대해서는 28장에서 보다 자세하게 다룰 것이다.

12) 좋은 REB 피코치는 스스로의 학습과 발달에 책임을 지며, 스스로 코치가 되려고 한다

코칭 시작 시, 코치는 피코치 스스로 자신의 학습과 발달을 관리하도록 적극적으로 돕는다. 코칭의 과정을 스스로 관리하는 것에 빠르게 몰입하는 피코치는, 자신의 학습과 발달이 전적으로 코치가 제공하는 것에 달려 있다고 보는 피코치에 비해 코치로부터 보다 가벼운 개입만을 요구한다. 그러나 얼마나 빨리 자신의 코칭 과정에 피코치가 책임감을 부여하는지에 대해서는 피코치마다 차이가 있다. 이러한 차이를 코치가 존중하는 것이 현명하겠지만, 모든 피코치에게 스스로의 코치가 될 것을 코칭이 끝날때까지 가능한 한 격려한다.

13) 좋은 REB 피코치는 자신의 학습을 일반화한다

스스로 코치가 된다는 것의 일면은 코칭을 통해 배운 것을 삶의 한 부분에서 다른 부분으로 연결 짓고, 이러한 관계성에 대해 일반적인 결론을 도출하며, 자신의 학습 경험으로부터 일반화하는 것을 말한다. 코칭 초반에, 대부분의 피코치는 코치의 도움으로부터 이익을 얻는 반면, 이러한 원칙을 독립적으로 학습하고 적용하는 피코치는 코칭 과정뿐 아니라 그 후에도 잘해 나갈 수 있다.

14) 좋은 REB 피코치는 코칭에서의 장애물에 대해 문제 해결적 방식으로 대응한다

진실한 사랑에서처럼 코칭도 부드럽게만 진행되지 않는다. 이러한 사실을 받아들이고 코칭에서의 장애물을 문제 해결적 방식으로 대응할 수 있다면 피코치의 그러한 성격 특성이 일반적으로 도움이 된다.

15) 좋은 REB 피코치는 지속적이다

이에 관련지어, 코칭 과정에서의 장애물과 목표를 꾸준히 추구할 수 있는 피코치는 그러한 지속성이 결국에 보상을 가져온다는 것을 발견할 것이다. 이는 피코치의 특성 중 가장 도움이 되는 특성 중 하나이다. 그러나 동시에 피코치는 그러한 활동 과정이 건설적이라는 증거가 없다면 그 활동을 지속하는 것을 멈출 수 있는 유연성을 가질 필요도 있다.

2. REBC에 특화되어 유용한 피코치 특성

어떤 유형의 코칭이든 도움을 받을 수 있는 일반적인 피코치의 성격 특성을 기술했는데, 지금부터는 특히 REBC를 통해 도움을 받을 수 있는 REBC 특정적 피코치 특성에 대해 기술하고자 한다. 피코치가 지닌 이러한 특성의 수가 많으면 많을수록 이러한 특성들과 REBC 간에 적합도가 올라가는 것을 보게 될 것이다.

1) 개인적 책임감 갖기

전임 유대교 최고 지도자인 조너선 색스(Jonathan Sacks) 경에 따르면, 사람들은 그들의 영향력 범위 안에 있는 문제에 책임이 있다. 이는 개인적 책임에 대한 꽤 좋은 정의이다. REBC로부터 이득을 얻는 피코치는 이러한 생각에 공감하며 자신의 삶에서 이를 받아들이기 위해 노력할 것이다.

2) REBC가 제안하는 좋은 정신건강과 건강한 심리생활의 원칙에 공감하기

7장에서 지적했듯이, REBC는 이를 설명하는 다수의 건전한 정신건강과 건강한 심리생활의 원칙들과 관련되어 있다. REBC에 적합한 피코치는 이러한 원칙에 공감하고, 그런 원칙들이 자신의 목표와 목적 달성을 위한 유용한 기초가 될 수 있는 방법을 이해할 수 있다. REBC를 최대한 활용하는 피코치는 REBC가 삶의 역경과 마주할 때 건강한 반응의 핵심으로 간주하는 유연하고 극단적이지 않은 태도 안에서 특별한 가치를 찾는 경향이 있다. 전체 목록은 유연한 태도,

비파국적 태도, 불편감을 견디는 태도, 무조건적인 수용적 태도들로 구성된다.

3) REBC의 '상황적 ABCDEF' 양식에 공감하기

피코치가 정서적인 문제 때문에 코칭을 찾았을 때,[1] REB 코치는 ABCDEF 양식을 개괄할 수 있다(5장 참조). 이는 피코치에게 이러한 문제들에 관련된 요인들을 이해하고 다루는 데 도움을 준다. 이러한 양식을 이해하는 피코치는 그렇지 않은 사람들에 비해 코칭 과정에서 더 많은 것을 얻을 수 있다. 이러한 이슈는 논의가 필요하며, 코칭의 계약 과정(11장 참조)에서 다뤄질 것이다.

4) 철학적 · 과학적 마인드 갖기

REBC는 본질적으로 상당히 철학적인 측면들을 지니고 있다(예: 수용의 무조건적인 특성). 그리고 피코치가 철학적인 논의를 통해 많은 것을 이끌어 내는 데 흥미가 있고 그런 경향이 있다면 더욱 가치가 있다. 과학적인 마인드를 가진 사람들의 경우에도 마찬가지이다. REBC는 피코치가 자신의 가정 그리고 다른 사람들의 가정을 사실로 받아들이지 않고 검증해 보도록 한다. 즉, 스스로를 바라보는 시각이나 생각에서 개방적 태도를 지닌 피코치는 REBC에서 더 많은

---

1) 이는 코치가 정서적 문제에 기인한 장애물을 마주했을 때에도 적용된다.

것을 얻을 것이다.

5) 일반적인 REBC 원리들을 일상의 연습에 적용하는 능력

코치의 도움 속에 REBC의 원리들을 자신의 일상, 구체적인 상황에 적용할 수 있는 피코치는 REBC의 좋은 대상자가 된다.

6) 구조화된 코칭 선호

REBC가 구조화된 코칭 접근이기 때문에, 그런 구조화된 양식을 선호하는 피코치는 덜 구조화된 코칭을 선호하는 피코치에 비해 REBC에서 더욱 잘 기능한다.

7) 암묵적인 것보다 명시적인 것을 선호

REB 코치는 코칭 과정의 두드러진 측면, 특히 그들의 개입에 대해 명시적인 것이 중요하다고 주장한다. 이러한 접근은 그런 명시성에 가치를 두는 피코치에게 적용된다.

8) 코치의 적극적-지시적 방식에 동참할 수 있는 능력

이미 언급하였듯이, REB 코치는 코칭에 대해 적극적이고 지시적인 접근법을 채택하는 동시에 피코치가 코칭 과정에 적극적으로 참여하도록 하는 경향이 있다. 이러한 방식에 동참할 수 있는 피코치는 REBC의 좋은 후보가 될 것이다.

9) 계산된 위험을 감수할 준비

9장에서 언급했듯이, 좋은 REB 코치는 코칭 과정에서 위험을 감수하는 경향이 있다. 이러한 경향을 공유하는 피코치는, 안전한 과정을 선호하는 경향의 피코치에 비해 REBC로부터 더 많은 이익을 얻을 가능성이 있다.

다음 장에서는 코칭 동맹(아마도 코칭에 대한 모든 접근 방식의 기초가 될 수 있는)에 대해 설명하고, REBC 동맹의 독특한 특성을 제시할 것이다.

REBC에서의 코칭 동맹

오브라이언과 파머(O'Brion & Palmer, 2010)는 코치와 피코치 사이의 관계를 '코칭 동맹(coaching alliance)'으로 지칭하였다. 코칭 동맹에는 네 가지 영역이 있는데, 이 중 세 가지는 보르딘(Bordin, 1979)이 제안한 연대(bonds), 목표(goals), 과업(tasks)이며, 이에 더하여 필자가 네 번째 영역, 즉 관점(views)을 추가하였다(Dryden, 2006, 2011b).

1. REBC에서의 연대

코치와 피코치 사이의 대인관계적 유대감을 연대(bonds)라고 한다. 이와 관련하여 몇 가지 이슈들이 대두된다.

- REBC에서 '핵심 조건'
- REBC에서 코치의 상호작용 방식
- REBC에서 영향력의 연대

1) REBC에서 핵심 조건

피코치가 코치를 공감적이고 수용적이며 진솔하다고 경험하는 것[한마디로 '핵심 조건'으로 알려져 있다(Rogers, 1957)]은 REB 코칭에서 필수적이지는 않더라도 중요한 관점이다. 일반적으로 REBC에서는 피코치가 목적과 목표를 달성하기 위해 다양한 기술을 사용해야 하며, 이러한 핵심 조건의 존재는 피코치의 잠재력을 증가시킨다.

2) REBC에서 상호작용 방식

REBC에서 대부분의 코치에게 선호되는 상호작용 방식은 적극적-지시적 방식, 협동적 방식으로 피코치가 적극적인 역할을 수행한다. 상호작용 방식은 매우 유연하기에 도전을 희망하는 피코치에게는 보다 도전적인 방식을, 코치로부터 보다 강력하고 직접적인 가르침을 원하는 피코치에게는 교육적인 방식을 적용할 수도 있다.

코치가 서로 다른 피코치에 맞게 상호작용 방식을 진정성 있게 수정하면 할수록, 이들이 도울 수 있는 피코치의 수는 더 많아진다. 상이한 피코치에 맞춰 상호작용 방식을 수정할 수 있는 코치에게는 라자루스(Lazarus, 1993)의 '진정한 카멜레온'이라는 수식어를 붙일 수 있다.

REBC에서 선보일 수 있는 코치의 상호작용 방식은 다양하지만, 높은 활동성, 격식 없는 태도(적절한 유머 사용 포함), 기꺼이 자기-노출을 사용하는 등의 기본 특성은 REB 코치의 기본적인 태도이다.

3) REBC에서 영향력의 연대

피코치가 코치로부터의 영향을 받아들이는 주요 이유 세 가지는 다음과 같다.

- 피코치가 코치를 좋아한다.
- 피코치가 코치를 신뢰한다(Gyllensten & Palmer, 2007).
- 피코치가 코치의 신뢰성에 감동을 받는다.

유연한 REB 코치는 피코치가 어떤 점에서 영향을 받는지 발견하고 가능하다면 이에 맞추려고 한다.

2. REBC에서 관점

여기에서 관점은 중요한 문제에 대해 코치와 피코치가 모두 가지고 있는 이해를 의미한다. 효과적인 REBC는 코치와 피코치 사이에 합의된 다양한 이해에 기초한다. REBC의 어떤 측면에서라도 불일치가 있는 것은 코칭 동맹에 위협을 가할 수 있기에, 그에 대해 정의하고 논의하고 해결할 필요가 있다. 이는 코칭 중에 코치 자신과 피코치에게 기대하는 것에 대해 명시적으로 말할 때에만 달성될 수 있다.

REB 코치와 피코치는 다음 사항에 대해 동의할 필요가 있다.

- REBC의 특성(피코치에게 딱 맞는 REBC의 유형을 포함해서)과 모든 이해관계자의 역할과 책임
- 비밀보장과 한계
- 코칭의 실용성
- 피코치 문제의 본질과 이러한 문제들의 해결 방법
- '상황적 ABCDEF' 양식
- 당면한 장애물의 본질과 이에 대한 해결 방법

3. REBC의 목적/목표

목적/목표는 코칭의 지향점을 의미한다. 이 책에서는 문제-초점적 REBC(PF-REBC)의 목표를 언급할 때 '목표(goals)'라는 용어를 사용하고, '목적(objectives)'은 발달-초점적 REBC(DF-REBC)의 목표를 가리킨다.

1) REBC에서 발달-기반 목적에 동의하기

DF-REBC의 목적 동맹 영역에서 코치의 주요 과제는 피코치가 다양한 일상의 영역에서 그들이 원하는 가능한 한 많은 발달-기반 목적을 설정하게 하는 것이다. 이때 코치와 피코치 모두 계약한 회기가 몇 회인지를 염두에 두어야 한다.

2) 문제-기반 목표에 동의하기

DF-REBC의 목표 동맹 영역에서 코치는 피코치가 도움을 필요로 하는 각각의 문제와 관련하여 목표를 설정할 수 있도록 도와야 한다. 그러한 과정에서 코치와 피코치가 계약한 회기 수를 명심하는 것이 중요하다.

① 실제적인 문제들: 피코치는 문제 혹은 문제들에 대해 혼란스럽고 뒤엉킨 상태에 있으며, 명확성과 질서를 필요로 한다. 그래서 다른 누군가와 이야기하면서 이런 명확성과 질서를 얻고자 하지만, 이런 이슈들로 인해 정서적으로 장애를 겪고 있지는 않다.

② 정서적인 문제들: 역경에 대해 정서적으로 혼란스러운 반응을 보이고 있으며, 이와 관련된 행동들은 비건설적이다.

실제적 문제의 경우, 코치는 피코치의 문제가 무엇으로 이루어졌고 해결법이 무엇인지를 구체화하도록 도울 필요가 있다. 정서적 문제의 경우, 코치는 피코치가 관련 역경에 대해 정서뿐 아니라 행동적인 측면에서 건설적으로 다룰 수 있도록 도와주어야 한다. 만약 의심스럽다면, 코치는 피코치에게 이를 마주하고 다루는 것이 왜 중요한지, 역경을 피해 가는 것이 장기적인 관점에서 왜 도움이 안 되는지 설명한다.

4. REBC에서의 과제

과제란 피코치의 목적/목표 달성을 위해 코치와 피코치 모두가 수행해야 하는 절차를 의미한다. 동맹의 관점에서 볼 때, 다음과 같은 이슈들이 두드러질 수 있다.

- 코치는 피코치가 수행해야 할 코칭 과제들에 대해 이해할 수 있도록 돕고 이러한 과제의 본질이 무엇인지 알 수 있도록 해야 한다.
- 코치는 과제 수행이 목적/목표 달성에 도움이 된다는 것을 피코치가 이해하도록 해야 한다.
- 코치는 피코치가 변화를 위한 작업의 필요성을 이해하도록 해야 한다.
- 코치는 피코치에게 부과된 과제들을 수행할 능력이 있는지를 평가해야 한다. 만일 피코치가 능력이 있다면 코치는 이러한 과제들을 시행할 수 있지만, 그렇지 않다면 코치는 피코치가 수행할 수 있는 다른 과제들을 제시해야 한다.
- 코치는 피코치가 그들에게 부과된 코칭 과제들을 수행하는 데 필요한 기술을 지니고 있는지 여부를 평가해야 한다. 만일 그렇지 않다면 코치는 그러한 기술을 훈련시킬 필요가 있다.
- 코치는 피코치가 관련 과제들을 수행하면서 자신감을 개발시킬 수 있도록 해야 한다. 이에 대한 세 가지 방법이 있다.

–피코치 스스로 과제를 수행하기에 충분한 자신감을 느낄 때까지 코칭 회기에서 과제를 연습하도록 한다.

–피코치가 자신감을 획득할 때까지 관련 기술을 배우고 연습할 수 있는 집단이나 단체에 참여하도록 격려한다.

–피코치가 자신감 없게 과제를 수행할 때 다음과 같은 점을 지적해 주며 격려한다. 즉, 자신감이란 수행의 결과물로서 경험되는 것이며, 첫 시도도 하기 전에 경험되는 경우는 극히 드물다는 점이다.

- 코치는 과제가 목적/목표 달성을 촉진하는 데 충분히 효과적인지를 확인한다.
- 코치는 피코치가 자신의 문제를 영구화하는 데 도움이 되는 과제 혹은 제안을 삼가야 한다.
- 코치는 피코치가 과제 특성뿐 아니라 이러한 과제가 자신의 발달–기반 목적, 문제–기반 목표들과 어떻게 관련이 있는지를 이해하도록 한다.
- 코치는 피코치가 과제를 수행하기에 충분한 마음 상태인지를 확인한다.

이 책의 2부는 스무 가지 실천 포인트에 대해 논의한다. 이것들을 종합하면, REBC의 실질적이고 독특한 특징들을 설명할 수 있다.

Part 02

실행

인사하기, 평가하기, REBC 계약 맺기

가빈과 시버리(Garvin & Seabury, 1997)의 작업에 기초하여 다음의 항목을 구분할 필요가 있다.

- 문의하는 역할(즉, 코칭을 원하는지 알아보기 위해 여기저기 기웃거리는 상태)
- 지원자 역할(즉, 접촉한 코치와 만나기 위해 신청서를 작성하는 상태)
- 피코치 역할(즉, 코치와의 활동에 합의를 이룬 상태)

1. 인사하기

희망 고객이 REB 코치에게 연락을 하는 경우, 가능하다면 짧은 시간 동안 전화 통화를 통해 그들이 문의를 하는지, 신청서를 작성하고 싶은지 확인하는 것이 좋다. 만약 문의를 하는 경우라면, 코치는 문의 내용에 대해 간략한 정보를 제공하고 신청서를 쓸 준비가 되었을 때 다시 연락하도록 한다.

신청서 작성 단계에 들어가면, 다음의 두 가지를 결정하기 위해 좀 더 많은 시간을 할애하는 것이 필요하다. ① REBC가 그들에게 적합한가, ② 어떤 유형의 REBC가 그들에게 가장 적합한가이다. 만약 REBC의 세 가지 유형[1] 중 하나에 해당한다면, 코치는 평가 기반의 대면 면담을 이어 가기 위해 약속을 잡게 된다.[2]

2. 평가하기

대면 회기의 시작 단계에서, REB 코치는 신청자가 일단 REBC에 적합하고 세 가지 중 특정 유형에 적합하다는 초기의 가설을 확증 또는 부인하는 작업을 해야 한다. 처음에는 피코치가 특정 REBC에 가장 적합하다고 판단하더라도, 좀 더 면밀히 검토한 후에 다른 유형의 REBC가 더 적합하다는 사실을 알게 되기도 한다. 세 가지 REBC 유형 각각에 대한 주요 지표는 다음과 같다.

1) 세 가지 유형의 REBC는 발달-초점적 REBC, 실제적 문제-초점적 REBC, 정서적 문제-초점적 REBC를 말한다.

2) 일부 코치가 줌(Zoom)이나[역자 주: 원문에는 스카이프(Skype)이나, 한국에서는 거의 사용하지 않으므로 줌으로 대체하였다] 그에 유사한 플랫폼에서만 활동하기 때문에, 이런 경우, 코치들은 해당 플랫폼을 통해 면담 약속을 잡으면 된다.

1) 발달-초점적 REBC에 대한 주요 지표

피코치의 삶 중 하나 이상의 영역에서 자기 계발을 원하고 이에 방해가 되는 실제적 어려움 또는 정서적 어려움이 뚜렷하지 않다.

2) 실제적 문제-초점적 REBC에 대한 주요 지표

피코치는 하나 이상의 문제로 혼란스럽고 복잡하게 뒤엉킨 상태에 있으며, 누군가와 이야기하면서 명확성과 질서를 얻고자 한다. 그러나 그들은 이런 이슈들로 인해 정서적 어려움을 겪고 있지는 않다.

3) 정서적 문제-초점적 REBC에 대한 주요 지표

피코치는 역경에 대해 혼란스러운 반응을 일으키는 정서적 문제를 가지고 있다. 피코치는 문제-기반 목표를 달성하게 되면, 하나 이상의 발달-기반 목적을 달성하는 것에도 관심을 가질 수 있다.

3. 계약하기

피코치가 원하는 것을 코치가 제공해 줄 수 있는지 명확해지면, 다음과 같은 중요한 사항에 대해 코치와 피코치가 협의를 이루게 되는 계약 과정을 진행하게 된다.

- 계약의 시작과 끝(알 수 있다면)
- 코치가 사용하는 코칭 접근법(물론 여기에서는 REBC)
- 계약의 대상이 되는 코칭 유형: 발달–초점적 REBC, 실제적 문제–초점적 REBC, 정서적 문제–초점적 REBC
- 코칭 비용과 지불 방법
- 회기 간 코치와 피코치의 연락 방법과 지불 방식
- 코칭의 취소 방책
- 코칭 내용의 비밀보장 및 예외 사항에 대한 정책
- 코치와 피코치 간 역할과 책임
- 다른 관련된 사람의 개입
- 코칭의 재의뢰(refer) 정책
- 코치와 피코치 간 합의된 기타 사항들

1) 코칭 계약의 유기적 특성

코칭 계약은 코치와 피코치 간 협의하고 서명하는 것도 중요하지만, 코칭 과정에서 어떤 일이 일어날 수 있고 서로에게 현실적이고 분명하게 기대할 수 있는 것이 무엇인지 명료화하는 것이 목적이기 때문에 고정된 것일 수 없다. 코칭 계약은 코칭의 역동적 과정 그 자체를 담아 내는 것은 아니다. 계약의 문구들 중 일부는 바꿀 수 없어도(예: 비밀보장, 코칭 비용, 취소 정책 등), 그 외 내용들은 필요하다면 추가되거나 바꿀 수도 있다.

다음 장에서는 본격적인 코칭이 시작되기에 앞서 피코치에게 REBC를 준비시키는 방법을 이야기해 볼 것이다.

정식 코칭이 시작되기 전 REBC를 최대한 활용하기

코칭이 시작되기 전 준비 과정을 통해 피코치가 REBC의 효과를 최대한 맛볼 수 있도록 돕는 것이 중요하다. 이를 위해 몇 가지 방법이 있다. ① 첫 번째 대면 회기 종료 후 남는 시간이나, ② 다음 회기 시작 시점에 또는 첫 번째와 두 번째 회기 사이에 전화나 화상 대화를 활용한다. 코치가 피코치에게 요청하는 준비 사항은 양자 간에 계약을 맺은 코칭 유형이 어떤 것인가에 따라서 일부 달라질 수 있다. 코치는 피코치에게 말하기 전 사전에 준비된 질문 리스트를 줄 수도 있고, 리스트를 활용하여 준비 회기를 이끌어 갈 수도 있다.

먼저, 발달-초점적 REBC(DF-REBC)에 특화된 코치의 준비 사항을 살펴보고, 문제-초점적 코칭에 필요한 코치의 준비 사항을 다룰 것이다. 마지막으로 두 가지 방식에 모두 필요한 준비 사항을 논의할 것이다.

1. 발달-초점적 REBC를 위한 준비

피코치가 발달-초점적 REBC(DF-REBC)를 준비할 수 있도록, 코치는 다음 사항을 확인한다. 여기에는 코치와 피코치 모두 코칭 과정에서 보다 분명하게 확인 가능한 피코치의 자원들에 어떤 것들이 있고 어떻게 활용하는지를 이해하는 데 그 목적이 있다.

1) 의미와 가치

REBC에서 가치와 의미의 중요성은 이미 3장에서 다루었다. 이 시점에서, 피코치의 삶에 어떤 것이 더 큰 목적성과 의미를 갖는지, 삶의 방식에 있어서 어떤 가치들을 더 뚜렷하게 추구하는지 질문하는 것이 좋다. 이것은 특히 DF-REBC에 중요하다.

2) 좋은 정신건강과 건강한 심리생활의 원칙

7장에서, REBC를 설명할 수 있는 좋은 정신건강과 건강한 심리생활에 대한 몇 가지 요인을 논의하였다. 준비 단계에서 코치는 피코치에게 각 원칙을 설명하는 요약 자료를 주고, DF-REBC에 있어 가장 유용한 원칙 세 가지를 선택하게 한 뒤 그 이유를 질문할 수 있다.

2. 문제-초점적 REBC를 위한 준비

피코치가 (실제적이든, 정서적이든) 문제 해결을 위한 REBC를 원할 때, 다음의 사항을 통해 코칭 회기에 준비하도록 하는 것이 도움이 된다.

1) 문제 해결을 위한 과거 시도들

코치와 피코치 모두 피코치가 과거에 문제 해결 시도 경험이 있는지를 이해하는 것이 필요하다. 그런데도 그들이 여전히 문제를 갖고 있다는 사실은 어떤 시도였든 결과적으로 효과적이지 않았다는 것을 의미하지만, 한편으로 코치는 과거 시도들 중 유용한 요소들을 뽑아 내어 REBC에 활용할 수 있다. 피코치의 과거 시도가 유용하지 않았다는 것을 코치와 피코치 모두 인식하고, 코치가 피코치의 문제 해결을 위한 REBC 접근에서 그 요소들을 배제하는 것 또한 중요하다.

2) 다른 문제 해결을 위한 성공적 시도들

피코치는 현재 도움을 필요로 하는 문제를 해결하지 못했다 하더라도, 그들의 삶에서 실제적이고 정서적으로 다양한 문제를 만나 해결해 본 경험들을 갖고 있을 것이다. 따라서 코치는 이러한 성공 경험들을 살펴보고 정확히 무엇이 효과적이었는지 확인하는 것이 필요하다. 코치와 피코치는 필요하다면, 이러한 효과적 요소들을 문제-초점적 REBC(PF-REBC)에 어떻게 통합될 수 있는 지 이야기할 수 있다.

3. 모든 유형의 REBC를 위한 준비 사항

다음의 준비 사항은 DF-REBC와 두 가지 유형의 PF-REBC에 모두 연관된다.

1) 강점

강점은 "자기 자신과 타인을 위해 삶을 더 충만하게 만들어 줄 수 있거나 삶에 더 잘 적응할 수 있도록 하는 것"(Smith, 2014: 13)으로 정의할 수 있다. 또한 앞서 언급했듯이, REBC는 피코치가 기존의 강점들을 더 잘 활용할 수 있도록 하는 최적화된 접근이다. 따라서 피코치가 자신이 가진 강점을 떠올려 보고 REBC를 통해 이를 어떻게 극대화할 수 있는지 살펴보도록 하는 것이 중요하다. 피코치가 반응을 보이면, 코치는 다음과 같이 질문하여 이어 나갈 수 있다.

"당신의 그 강점을 우리의 작업에서 어떻게 함께 활용해 볼 수 있을까요?"

"코치로서, 코칭 과정에서 당신의 그 강점을 활용하기 위해 무엇을 할 수 있을까요?"

2) 자원

자원은 코칭 과정에서 피코치를 돕는 데 유용하며, 현재 피코치의 삶에서 가용한 현실적 수단이나 사람들을 말한다. 따라서 코칭 과정에 좀 더 연관성이 높은 피코치의 자원에 대한 목록을 만드는 것 또한 유용하다.

3) 역할 모델

코칭 과정에서 역할 모델은 피코치를 동기화할 수 있기 때문에 피코치의 역할 모델이 누군지 확인하는 것이 좋다. 또한 코치는 피코치의 목표 달성을 더욱 촉진하기 위해 코칭 과정에서 드러나는 관련된 정보를 활용할 수 있기 때문에, 왜 특정 인물을 롤 모델로 선택했는지 아는 것도 중요하다.

4) 서포터즈

어떤 피코치는 개인적인 방식으로 코칭 목적/목표를 위한 작업을 선호하는 반면, 다른 피코치는 주변 사람들의 지지를 얻는 것이 도움이 된다고 생각하는 경우도 있다. 후자의 경우, REB 코치는 도움을 줄 수 있는 사람이 누구인지 파악할 필요가 있다. 또한 여러 사람이 서로 다른 종류의 도움을 줄 수 있으므로, 코칭 과정의 각 단계별로 가장 적절한 종류의 지지를 구할 수 있도록 격려하는 것이 중요하다.

5) 선호하는 학습 유형

피코치에게 가장 효과적인 학습 방법이 무엇인지를 생각하여 이에 맞추어 코칭 개입 방법이 계획되어야 한다.

6) 효과적/비효과적 코치의 도움

피코치는 코치가 어떻게 최적의 도움을 줄 수 있는지 생각해 봄으로써 코치는 코칭에서 어떤 요소를 강조하고 다른 요소는 강조하지 않을지 알 수 있게 된다. 또한 코치는 피코치가 도움이 되지 않는다고 여기는 것에 대해 코칭 과정에서 다루지 않는 것이 필요하다.

마지막으로, 코치는 코칭 과정을 준비하기 위해 알고 있어야 하는 것이 있는지 피코치에게 확인하는 것도 도움이 된다.

이 장에서는 성실한 준비 과정을 통해 코치가 피코치로 하여금 REBC의 효과를 극대화할 수 있도록 돕는 방법에 대해 다루었다. 다음 장에서는 과제 사용을 통해 피코치가 코칭을 잘 활용할 수 있도록 하는 방법에 대해 다룰 것이다.

코칭 과정에서 REBC를 최대한 활용하는 방법: 과제의 협의와 확인

발달-기반 목적 또는 문제-기반 목표를 이루기 위한 과정에서 코칭 회기와 회기 사이 피코치가 해야 하는 과제는 코칭에 대한 인지행동적 접근의 전형적 특징이다(Neenan & Palmer, 2012; Dobson & Dobson, 2017). 코치와 피코치는 각자의 역할과 책임에 대해 계약을 하면서 이 문제를 이야기하지만, 만약 못했다면 피코치가 처음부터 과제를 수행할 수 있도록 코칭이 시작된 후 가능한 한 빠르게 논의되어야 한다. 인지행동치료에서 과제 완수는 분명히 치료 효과를 개선시킨다(Kazantzis, Whittington, & Dattilio, 2010). 아직 경험적 연구는 부족하지만, 이는 코칭에서도 동일하게 적용될 수 있다.

1. 용어 사용

필자의 경험상, 코치와 피코치가 이 '과제(homework task)'를 뭐라고 부를지 결정하는 것은 중요한 결과의 차이를 가져온다. 어떤 피코치의 경우, '숙제(homework)'라는 단어는 학창 시절 불행한 기억을 고통스럽게 떠올리게 하여 피하고 싶은 것이 된다. 또 다른 피코치에게 '임무(assignment)'라는 단어는 코치가 일방적으로 하게끔 만드는 과업의 의미를 함축하여 결국 피코치는 이에 저항하게 될 것이다. 숙련된 REB 코치라면 피코치가 가장 잘 수용할 수 있는 과제에 대한 표현을 고르도록 할 것이다.

2. 과제와 REBC 이론

REBC 이론은 유연하고 극단적이지 않은 태도를 반복적으로 연습하는 한편, 피코치가 이러한 태도를 발전시키는 방식과 일관되게 행동할 때 변화가 일어난다고 본다. 이러한 인지행동적 실천은 피코치의 정서적 문제에 내포된 역경을 직면하는 과정에서 이루어져야 한다. 규칙적으로 과제를 협의하고 확인함으로써 REB 코치는 피코치가 변화에 대한 REBC의 관점을 실행하고 그들의 정서적 문제들을 해결하는 데 최적의 도움을 제공할 수 있다.

3. 과제 협의하기

피코치와 과제를 협의하는 과정에서 REB 코치에게 중요한 사항들은 다음과 같다.

- 과제는 코치가 일방적으로 부여했거나 코치의 의견 없이 피코치가 일방적으로 선택한 것이 아니라 협력적으로 결정한 것임을 명심할 것
- 코칭 회기 마지막에 피코치와 함께 과제에 대해 의견을 나누는 시간을 충분히 가질 것
- 피코치와 회기에서 나눈 이야기를 토대로 과제를 제시할 것
- 피코치에게 과제를 완료해서 올 수 있는 가능성을 예측해 보도록 할 것. 돕슨과 돕슨(Dobson & Dobson, 2017)은 그 확률이 70% 미만이라면, 완료 가능성이 더 높은 다른 과제를 주거나 전략을 고민하는 등 과제를 단순화시켜야 한다고 강조하였다.
- 과제를 수행하겠다는 피코치의 약속을 얻어 낼 것
- 무엇을 할지, 언제 할지, 얼마나 자주 할지 등과 같이 가능한 한 자세하게 제시하여 피코치의 과제 수행을 독려할 것
- 피코치가 과제를 완수하기 위해 자원(예: 재정적, 감정적, 동기적)과 기술(예: 읽고 쓰는 능력, 사회적 기술, 지식 수준)이 모두 필요하다는 것을 명시할 것
- 피코치와 함께 과제 완수에 있어 가능한 모든 장애물을 찾아 문제를 해결할 것
- 피코치가 자신만의 용어로 과제를 기술하게 하는 등 과제와 관련한 상호 이해가 이루어지도록 도울 것
- 협의된 과제가 피코치의 발달-기반 목적이나 문제-기반 목표

와 어떻게 연관되어 있는지 피코치가 이해할 수 있도록 할 것

- 피코치가 정서적 어려움에 대한 도움을 구하거나 문제시되는 정서적 장애물을 맞닥뜨렸을 때 또는 역경에 봉착했을 때, 유연하고 덜 극단적인 태도를 반복해서 연습할 수 있도록 하는 과제에 대한 절충안을 찾을 것
- 가능한 한 역경에 직면하여 '압도되지는 않지만 도전적인' 원칙(Dryden, 1985b)을 사용하여 격려할 것. 즉, 도전적이라면 피코치가 그 역경에 직면하도록 해야 하지만, 압도된다면 직면하도록 해서는 안 된다.
- 피코치가 그 과제를 수행할 수 있다는 증거를 요구한다면, 코칭 회기에서 과제를 시작하여 집에서 과제를 완수할 수 있도록 할 것

4. 과제 확인하기

REB 코칭 과정에서 피코치에게 과제의 중요성을 전달하는 한 가지 방법은 협의된 과제를 확인하는 것에서부터 회기를 시작하는 것이다. 그럴 만한 분명한 이유가 있지 않는 한, 이 방법을 적용해야 한다. 피코치와 과제를 확인할 때, REB 코치는 다음의 사항을 중요하게 고려해야 한다.

- 피코치의 노력과 과제 완수에 대해 말로 강화해 줄 것. 대기실

에서 피코치가 과제를 하고 있는 것을 본다면, 비록 뒤늦게 과제를 완수하는 것이 이상적이지는 않더라도, 피코치가 애쓰고 있다는 점에 대해 어떤 식으로든 강화해 줄 필요가 있다.

- 결과보다는 과제에 대한 피코치의 노력과 행동에 따라 성공 여부를 평가할 것. 이는 개인적 책임감의 원칙의 문제이다. 따라서 피코치가 하루에 3명의 낯선 사람에게 말을 걸어 보는 것에 동의했고 실제로 수행했다면, 그들이 피코치에게 어떻게 반응했는가와 상관없이 이를 성공으로 볼 수 있다.
- 피코치가 상호 협의한 대로 과제를 수행했는지 확인하고 과제에 대한 수정 여부를 탐색하거나, 필요하다면 직접 수정해 볼 것
- 비난 대신 이해하는 태도로, 과제를 시작하거나 완수하는 데 있어 피코치의 실패에 대해 평가하고 반응해 줄 것
- 피코치가 일상적으로 저지르는 과제 수행의 실패의 원인을 찾고 과제 완수에 있어 상황적 ABCDEF 양식을 활용하여 정서적 어려움을 해결하도록 할 것
- 과제 수행을 통해 배운 것을 정교화하고 일반화할 수 있도록 할 것

다음 장에서는 발달-초점적 REBC에서 목적을 설정하는 것을 다룰 것이다.

발달-초점적 REBC 1: 목적 설정

발달-초점적 REBC(DF-REBC)의 주목적은 어떤 삶의 영역이든 그들이 정한 삶의 영역에서 최대한의 가능성을 이끌어 내도록 돕는 것이다. REBC가 구체성을 강조하는 한편, 발달의 개념은 폭넓고 경험적인 성향이 있다. '나는 내가 느낄 때 알게 된다'는 것은 피코치가 발달-기반 목적(Development-Based Objective: DBO)을 달성할 때 어떻게 그것을 알게 되는지를 설명하는 말이기도 하다. 따라서 숙련된 REB 코치는 피코치가 DBO를 설정할 때, 일반적이고 경험적인 것과 구체적이고 증거에 뒷받침된 것을 결합하도록 한다.

1. REBC에서 DBO의 특성

피코치와 DBO를 논할 때, REB 코치는 DF-REBC에서의 '좋은 목적'이란 다음의 특징을 갖는다는 점을 명심해야 한다.

- 분명한 방향성을 갖는다.
- 종결점을 갖기보다는 지속성을 띠고 있다.
- 종결점이 있더라도, 그 상태가 유지되는 것을 목표로 한다. 예를 들어, 피코치가 직장에서 자신의 리더십 기술을 개선하기를 원한다면, 이것은 하나의 방향성을 제시해 주는 것으로 종결점을 구체화하여 그 상태가 유지되도록 해야 한다. 이는 운동이나 식습관 개선과 관련한 목표 설정에도 적용할 수 있다. 실제로, 목표에 도달했을 때 어떤 것 하나라도 작업을 중단한다면, 피코치는 궁극적으로는 원점으로 되돌아가게 될 것이다.
- DBO는 광범위하게 적용될 수 있다. REB 코치는 피코치가 DBO를 설정하도록 도울 때, SMART라는 약어를 종종 사용한다. 피코치가 그들의 리더십 역량을 개선하고 싶다고 말하면, 코치는 피코치가 리더십을 설명하는 구체적(S) 지표를 식별하도록 하고, 이는 측정 가능해야 하며(M), 달성 가능해야 하고(A), 피코치의 주요 삶의 영역에서 의미가 있어야 하고(R), 피코치가 수용 가능한 시간 내에(T) 달성 가능해야 한다.

2. DBO 추구에 유용한 조건들

피코치와 DBO를 설정할 때, REB 코치는 이 목적 추구에 도움이 되는 다음의 조건들을 명심해야 한다. 그 결과, 협의된 DBO는 이상적으로 다음의 조건들을 충족해야 한다.

1) 외적 중요성보다는 내적 중요성을 강조하기

DBO는 이해관계자[1] 또는 코치가 달성하고자 하는 것이 아니라 피코치 스스로가 달성하기를 원하는 것이다. 그러나 코치 또는 이해관계자가 피코치에 대해 같은 것을 원한다면, 이것은 REBC 과정에 있어 특히 도움이 될 수 있다.

2) 피코치가 중요하게 생각하는 좋은 정신건강과 건강한 심리생활의 원칙을 준수하기

7장에서는 REBC의 실행을 설명할 수 있는 좋은 정신건강과 건강한 심리생활의 여러 원칙을 논의하였다. 피코치의 DBO 선택을 도우려면, 코치는 피코치와 공감할 수 있는 원칙을 참고해야 한다.

3) 피코치의 중요한 가치에 기반하기

가치란 피코치의 삶에서 무엇이 중요한지 또는 의미 있는지를 판단하는 기준이고 삶의 목적을 제공하는 것이다. 필자는 피코치가 '가치'라는 단어에 동의하지 않는다면, '의미' '중요성' '목적'과 같은 단어를 사용한다. 많은 DBO는 실용적이기 때문에(예: 임금 인상이나 커리어 개발과 같이 개인에게 유용한 혜택을 제공하는), 어떤 것도 잘

---

1) 이해관계자란 코칭 관계에서 코치와 피코치 외에, 코칭에 대해 관심이 있는 사람을 말한다.

못된 것이 없다. 그러나 피코치는 가치가 밑받침되었을 때에 비해, 중요한 가치에 기반하지 않는 실용적인 목적 추구에 덜 매진하게 될 것이다.

4) 피코치에게 이득이 되는 과제를 포함시키기

피코치가 DBO를 달성하기 위한 과제를 즐길수록 그들의 목적 달성은 더 잘될 것이다. 그러나 이러한 과제들이 피코치에게 본질적으로 장점을 갖지 못하더라도, 단지 자신이 원하는 것을 달성하는 데 도움이 된다는 생각을 갖고서 즐겁지 않은 과제를 참으면서 수행할 수 있다. 필자는 이를 '입에 쓴 약의 법칙(cod liver oil)'[2]이라고 부른다.

5) 피코치의 삶에 목적을 통합할 준비가 되었는지 확인하기

피코치는 즐겁게 추구할 수 있고, 가치 있는 건강한 삶의 원칙을 내포하는 내적으로 유의미한 DBO를 선택하더라도, 이를 자신의 삶 속으로 통합시킬 수 없다면 추구할 이유도 없다. 따라서 코치는 피코치의 삶 전체의 맥락 내에서 이 목적의 의미를 바라볼 수 있도록 해

---

2) 필자가 어렸을 때, 캡슐 대신 액체 형태로 된 간 대구 간유만 존재했다. 이 액체 형태의 대구 간유를 먹는 것은 매우 불쾌한 일이었다. 몸에 좋다는 것을 부인할 수는 없었지만, 쓰디쓴 맛을 삼켜야 하기 때문에, '소란 피우지 말고 어서 입을 벌려라.'라고 부르는 소리를 두려워했다. 운이 좋으면 그 맛을 없애기 위해 초콜릿을 얻어먹기도 했지만 말이다(역자 주: 원문은 'cod liver oil'로, 먹기 불편한 약이지만 몸에 좋으니까 참고 먹었던 필자의 경험을 묘사하고 있다).

야 한다. 만약 피코치가 중요하게 생각하는 목적이 현재 그들의 삶에 통합될 수 없다면, 코치는 피코치가 이 목적을 수용할 수 있도록 그들의 삶을 재구성하기를 원하는지 생각해 보도록 해야 한다.

6) 목적 달성을 위해 희생할 준비가 되었는지 확인하기

피코치가 가치를 둔 DBO를 수용하기 위해 삶을 재구성할 준비가 되었다면, 코치는 피코치가 이를 받아들이기 위해 어떤 변화가 필요한지 생각해 보도록 해야 한다. 피코치는 분명히 이를 달성하기 위해 희생할 준비가 되어 있을 것이다. 피코치가 선택한 희생을 하는데 준비가 많이 될수록, 그들이 원하는 DBO를 추구할 의지 또한 높아질 것이다. 코치는 피코치가 선택한 희생이 자신의 삶에 중요한 타인들에게 갖는 의미를 함께 탐색해야 한다. 그들은 이 희생이 의미하는 바에 대해 이해해야 하고 그에 따른 변화에 대해 동의해야 한다. 실제로, 이들은 피코치가 희생하는 것과 DBO를 추구하는 것 모두를 지지해 줌으로써 피코치를 도울 수 있다.

다음 장에서는 피코치가 DBO를 달성하기 위한 행동계획들을 고안하고 실행하는 것을 REB 코치가 돕는 방법들에 대해 논의할 것이다.

발달-초점적 REBC 2: 행동계획의 설계 및 실행

일러두기: 행동계획을 실행하는 데 있어 예상가능한 실제 장애물들은 20장에서 논의된다.

발달-기반 목적(DBO)에 대해 코치와 피코치가 합의를 이루고 나면, 발달-초점적 REBC(DF-REBC)의 다음 단계는 그 목적들을 이루기 위한 행동계획을 세우고 실행에 옮기는 것이다. 요약하자면, 계획을 세우는 것이 피코치가 DBO를 달성하기 위해 무엇을 할 것인지 결정하도록 하는 것이라면, 계획을 실행하는 것은 행동계획을 실천에 옮기기 위해 어떻게 할 것인지를 결정하도록 하는 것이다.

1. 행동계획 수립

피코치가 DBO를 달성하기 위한 행동계획들을 수립할 때, 코치는 다음의 과정들을 준수해야 한다.

1) DBO의 명확한 측정 지표 수립하기

14장에서 언급하였듯이, DBO는 광범위할 수 있기 때문에 피코치가 목적을 달성했을 때 이를 인지할 수 있고 목적에 대한 진척상황을 가늠할 수 있도록 하기 위해 구체적 준거점들을 제시하는 것이 중요하다.

피코치가 목적을 달성한 후, 이를 제대로 유지하고 있는지 정확히 파악할 수 있는 방법에 대해 질문하는 것 또한 중요하다. 이를 위해 명확한 유지 관리 기준을 설정하는 것이 포함된다.

2) 목적 달성을 위해 필요한 행동 목록 만들기

다음 단계는 피코치가 DBO 달성을 위해 취해야 할 행동들을 구체화하는 것이다. 이때, 피코치가 실행 기술을 이미 갖추고 있는 행동들을 선택하는 것이 중요하다. 기술이 부족하다면, 코치는 어떻게, 누구에게서 이를 배울 수 있는지 함께 결정할 수 있다. 코치는 자신의 레퍼토리에 없는 기술에 대해 가르쳐 주는 것이 코치의 업무가 아니라는 것을 분명히 인식하는 것이 중요하다. 그러나 코치는 피코치에게 적절한 자원을 찾을 수 있도록 도와주어야 하고, 적절한 기술을 피코치에게 가르쳐 줄 수 있다면 그것 또한 코치의 역할이다.

3) 목적 달성을 위해 현실적인 시간표 만들기

시간표는 코칭 계약의 기간과 함께 피코치가 코칭 과정 동안 진행할 작업 및 달성하고자 하는 목적의 개수에 따라 결정된다. 피코치가 시간표를 정하고 나면, 코치와 피코치가 어떤 계획을 언제까지 할 것인지 함께 이해하기 위해, 피코치는 시간대별로 과제를 할당해야 한다. 피코치의 행동계획 실행의 실제 경험에 기초하여 모니터링하고 수정할 필요가 있다.

4) 피코치의 강점과 자원 활용하기

피코치가 행동계획을 세울 때, 앞서 확인된 자신의 역량 및 기타 자원들을 활용하도록 해야 한다.

5) 피코치의 삶 속에 행동계획을 통합하기

피코치의 계획이 삶 속에 통합됨으로써 피코치는 편한 시간과 접근 가능한 맥락을 골라 그 행동에 전념할 수 있다. 이것이 안 된다면 피코치의 행동계획을 수정하여 자신의 삶에 들어맞도록 해야 한다.

6) 피코치에게 시작 날짜를 알려 주어 타인에게 알릴지 결정하기

코치는 피코치에게 행동계획을 실행할 수 있는 시작 날짜를 정하도록 제안할 수 있다. 피코치가 받아들인다면, 이것이 무엇을 의미하는지, 이를 주변 사람들에게 알리고 싶은지 논의해야 한다. 만약 피코치가 수긍하지 않는다면, 피코치가 원하는 대로 시작하도록 해야 한다.

7) 코치/피코치가 목적을 향한 진행 상황 모니터링 방식을 개발하기

REBC는 피코치가 행동계획 일지를 지속적으로 작성하도록 하여 관련 데이터의 수집을 촉진한다. 이 일지에는 목적을 향해 작업할 때, 매일매일 어떤 실행 계획을 갖고 있는지에 대한 정보를 포함한다.

2. 행동계획의 실행

피코치가 행동계획을 실행에 옮겼을 때, DBO를 향한 과정을 유지할 수 있도록 코치가 수행해야 할 몇 가지 과제가 있다.

1) 피코치의 행동계획 실행을 모니터링하기

피코치가 만든 행동계획에 대한 시간표(앞의 내용 참조)는 고정된 것이 아니라 피코치의 경험에 따라 변화되어야 한다. 따라서 코치는 이런 관점에서 피코치의 진척 상황을 모니터링하는 것이 중요하다. 앞서 언급했듯이 여기에는 피코치의 행동계획에 대해 코치와 피코치 모두 명료하게 이해하는 것, 그리고 피코치의 수행 내용이나 계획과 성과 간의 차이를 탐색하는 과정을 포함한다.

피코치의 행동계획에 대한 변화는 이를 실행하면서 경험한 데에서 촉발되어야 하고, 수행 과정상의 어려움들이 고려되어야 한다.

2) 피코치가 성공을 활용할 수 있도록 지원하기

피코치가 행동계획대로 잘 수행하고 있는 것이 확인되면, 코치는 그들의 성공적 수행을 활용하도록 조력해야 한다. 한 가지 방법은 그들이 앞으로 나아가는 데 있어 어떤 것을 했는지 확인하고 그들에게 유효했던 방법을 계속 이어 가도록 제안하는 것이다(Iveson, George, & Ratner, 2012). 또 다른 방법은 그들의 DBO를 적용하여 학습한 내용을 자기 개발하고 싶은 삶의 다른 영역으로까지 일반화시킬 방법을 생각해 보도록 하는 것이다.

3) 목적 달성 후, 피코치의 성과 유지하기

피코치가 목적을 달성하고 나면, 성취 결과를 유지할 수 있는 활동을 선택해야 한다. 따라서 코치는 다음의 사항에 대해 피코치와 작업해야 한다.

- 성취 내용을 유지하기 위해 취해야 할 과정들을 확인하고 실행에 옮기도록 한다.
- 이러한 유지 전략을 방해할 수 있는 장애물에 대해 확인하고 대응하도록 한다(20장 참조).
- 유지 과정에서 경험할 수 있는 불편감과 지루함을 견딜 수 있는 인내력을 기를 수 있도록 한다.
- 유지 전략을 사용하는 과정에서 중도 탈락으로도 이어질 수 있는 취약성 요인을 확인하고 대응하도록 한다. 이 요인들은 DF-REBC를 통해 이미 획득한 성과의 상실로 이어질 수 있다.

4) 다른 목적 추구와 학습 내용의 일반화하기

피코치가 표적 DBO를 유지하고 있다는 것이 확인되면, 그들은 다른 연관된 목적을 추구할 준비가 된 것이므로, 첫 번째 목적에 대한 작업 수행을 통해 알게 된 내용들을 토대로 새로운 목적에 대해 같은 프로세스를 적용하여 진행할 수 있도록 코치가 도와주어야 한다. 피코치가 두번째 목적에 대해 진전을 보인다면, 코치는 피코치가 ① 처음 설정한 목적들 중 일관된 패턴을 찾고, ② 이 패턴을 사용하여 피코치 스스로 코치의 역할을 점진적으로 수행할 수 있도록 촉진해야 한다.

더욱이, 피코치가 목적에 대한 수행 결과를 통해 사고와 행동의 유용한 패턴을 찾아 활용하면 할수록, 코치는 이를 자기 계발 원칙으로 공식화시켜 삶의 여러 다른 영역으로 일반화할 수 있도록 도움을 줄 수 있다.

다음 장에서는 REB 코치가 피코치의 현실적 문제를 이해하고 그에 따른 목표 설정을 할 수 있도록 돕는 방법에 대해 다룰 것이다.

실제적 문제-초점적 REBC 1:
문제의 인식과 목표 설정

실제적 문제-초점적 REBC(PPF-REBC)에서 피코치는 도움을 필요로 하는 실질적인 문제를 갖고 있다. 이 책에서는 피코치에게 실제적 문제가 있을 때 그로 인해 혼란스러움이나 어려움이 있을 수 있고, 문제 인식의 명확성이나 우선순위 등을 필요로 하므로 코치와의 대화를 통해 해결하고자 한다고 언급하였다. 이러한 이슈에 대해 피코치는 불만족할 수 있지만, 그렇다고 감정적으로 동요하지는 않는다.

이런 상황에서, 코치의 기본 과제는 다음과 같다. ① 피코치의 생각에 순서를 정하도록 하고, 문제가 해결 가능한지 정의한 후, 이 문제에 대한 목표를 설정하도록 한다. ② 그다음에는 코칭 상황에서 가용한 많은 문제 해결 양식 중 한 가지 방법을 선택하도록 한다.

이 장에서는 영국의 코칭 심리학자인 스티븐 파머(Stephen Palmer)가 고안한 'PRACTICE'라는 문제 해결 양식에 대해 훑어 볼 것이다. 간단하게 이를 요약해 본 후, 그중 피코치가 문제를 어떻게 인식할 것인가에 대한 'P' 과정과 현실적 목표를 수립하는 'R' 과정을 구체적으로 제시할 것이다. 그다음 장에서는 문제 해결의 과정을 설명하는 나머지 'ACTICE' 요소들을 다룰 것이다.

1. 'PRACTICE' 양식

심리학에서는 많은 문제 해결 양식이 있지만, 여기에서는 코칭 장면에서의 활용을 목적으로 만들어진 파머(Palmer, 2008)의 양식을 적용할 것이다. 이에 포함된 여덟 가지 요소는 다음과 같다.

1) 문제 인식하기(Problem identification: P)

피코치가 여러 문제에 직면하면, 코치의 초기 과제는 가장 먼저 집중하고자 하는 문제를 선택하도록 하는 것이다. 이것을 '표적 문제'라고 한다. 그다음에 코치는 피코치가 표적 문제의 속성을 기술하도록 한다.

2) 현실적, 연관성 있는 목표 설정하기 (Realistic, relevant goals developed: R)

그다음에 코치는 피코치가 현실적으로 해결해 나아갈 수 있고 실제 변화를 만들어 낼 수 있는 표적 문제와 연관된 목표를 설정하도록 한다.

3) 잠재적인 대안적 해결방안 만들기 (Alternative solutions generated: A)

그다음으로 코치는 피코치가 이미 시도해 봤지만 잘되지 않은 것은 무엇인지 구체화하도록 한다. 이때, 피코치에게 그들이 만들어 낸 결과 중 도움이 되었던 요소는 어떤 것이라도 제시하도록 한다. 이후, 피코치가 문제를 해결하거나 목표를 달성하는 가능한 방법들을 찾아내는 데 초점을 맞추게 된다.

4) 잠재적 해결방안 고려하기 (Consideration of consequences: C)

코치는 일어날 수 있는 결과와 개인적 가치 및 다른 연관된 요소와 일관성 등을 고려하여 앞서 만들어 낸 잠재적 해결방안 각각에 대해 피코치가 평가하도록 한다.

5) 가장 실현 가능성이 높은 잠재적 해결방안에 집중하기 (Target most feasible solutions: T)

각각의 잠재적 해결방안에 대해 면밀히 검토하고 난 후, 피코치가 가장 실현 가능성이 높은 해결방안을 선택하도록 한다.

6) 선택한 잠재적 해결방안 실행하기 (Implementation of chosen solutions: I)

피코치가 선택한 잠재적 해결방안에 대해 구체적이고 실현 가능한 단계들로 분류하기 등 최적의 방식으로 실행할 수 있도록 한다.

7) 선택한 잠재적 해결방안 강화하기 (Consolidation of the chosen potential: C)

피코치 스스로 선택한 잠재적 해결방안이 자신의 목표를 달성하는 데 도움이 되는 최선의 선택인지 확인하도록 하는 것이 중요하다.

8) 평가하기(Evaluation: E)

코치는 피코치가 잠재적 해결방안의 성공 여부를 판단할 수 있도록 조력해야 한다. 성공적이라면, 이제 그것은 실제 해결방안이 되지만, 그렇지 않다면 피코치는 제대로 작동하는 것을 찾을 때까지 다른 잠재적 해결방안을 시도해야 한다.

각 단계를 간략히 기술한 데 이어, 첫 번째 두 단계에 대해 좀 더 자세히 다룰 것이다. 나머지 단계들에 대해서는 다음 장에서 논의될 것이다.

2. 피코치의 문제 인식 돕기

피코치가 실제적 문제에 대한 코칭을 원할 때, 보통 문제의 본질에 대해 명확하게 인식할 수도 있고 그렇지 않을 수도 있다. PPF-REBC는 이 두 가지 경우에 대해 각각 다른 진행 과정을 제시한다.

1) 피코치가 문제에 대해 분명하게 인식하고 있는 경우

피코치의 문제 인식이 명확한 경우, 코치는 피코치가 가능한 한 자세히 문제를 기술하도록 하고, 불분명한 답변에 대해서는 좀 더 정확하게 파악하도록 한다. 이때, 문제에 대한 구체적 사례를 묻는 것이 도움이 될 수 있다. 그러한 사례는 피코치가 특정한 방식으로 행동하거나 그렇게 행동하고 싶지만 스스로를 억제하는 특정 상황, 특정 시간에 특정 사람들과 함께할 때 발생한다.

이 시점에서 코치는 상황(예: "당신이 처한 상황에서 무엇이 문제가 되었습니까?") 또는 상황에 대한 피코치의 답변[예: "당신이 그 상황에서 반응했던(또는 반응하지 않았던) 방식 중 무엇이 문제가 되었습니까?"]에 대해 질문을 던질 수 있다.

코치의 질문 목적은 코치와 피코치 모두 문제를 이해하고 합의된 문제 진술문(예: "내 문제는 먼저 뭐라고 말할지 생각하지 않고 업무 회의에서 발언하는 것입니다.")을 만들어 내는 것이다.

2) 피코치가 문제에 대해 분명하게 인식하지 못하는 경우

코치의 목표는 피코치가 문제를 헷갈려 하는 경우, 앞서와 같이 문제에 대한 명료한 인식을 갖도록 하는 것이다. 코치는 먼저 피코치가 무엇을 헷갈려 하는지 말하도록 하고, 좀 더 구체적으로 대답하도록 의도된 질문들(예: "그것에 대해 좀 더 구체적으로 말해 볼 수 있나요?" "그것이 당신에게 왜 문제가 되는지 내가 이해할 수 있도록 말해 줄 수 있나요?" "문제라고 느끼지 않는다면 어떻게 이 상황에 대처했을 것 같아요?")을 던지며 이 과정을 진행하게 된다.

일단 피코치가 명료한 인식을 갖게 되면, 코치는 문제에 대한 보다 구체적 사례에 대해 질문하면서 앞에서 제시한 방식대로 진행하게 된다.

3. 피코치의 목표 설정 돕기

피코치가 표적 문제를 확인하고 나면, 목표 설정이 중요하다. 이를 위해, REB 코치는 종종 'SMART'라는 약어를 사용하는데, 이는 구체적이고(S), 측정 가능하고(M), 달성 가능하고(A), 관련성이 높고(R), 시간 제약이 있다(T)는 것을 말한다. 따라서 코치는 피코치가 다음과 같은 특징의 목표를 세우도록 해야 한다.

1) 구체적인 목표 설정

이렇게 하면 피코치가 어떤 결과를 추구하고 있는지 명확해지므로 코치, 피코치, 그 외 모든 관련자가 목표가 달성되었음을 알 수 있는 것을 말한다.

2) 측정 가능한 목표 설정

코치는 피코치가 목표를 향한 진전을 측정하고 목표가 달성되었다고 판단할 수 있는 방식을 고안하도록 해야 한다.

3) 달성 가능한 목표 설정

달성 가능한 목표를 통해, 필자는 여기서 두 가지를 언급하고 싶다. 첫째, 달성 가능한 목표는 피코치의 역량 내에서 달성할 수 있는 것이어야 한다. 둘째, 달성 가능한 목표는 피코치가 그들 마음대로 할 수 있고, 현실적으로 주어진 자원들로 달성할 수 있는 것이어야 한다.

4) 관련성이 높은 목표 설정

관련성이 높은 목표란, 그 목표를 달성하였을 때 현재 피코치의 문제와 관련된 삶의 영역에서 실질적인 차이를 만들어 낼 수 있는 것을 말한다.

5) 시간 제약이 있는 목표 설정

피코치가 사용할 수 있는 시간의 양은 선택한 목표에 큰 영향을 미치기 때문에 코치와 함께 목표 달성에 필요한 시간을 결정해야 한다. 또한 목표와 관련된 과제를 언제 할 것인지 코치와 피코치가 합의하는 것 또한 중요하다. 따라서 규칙적 목표 지향 활동에 많은 양의 시간을 쏟고자 하는 피코치는 간헐적 목표 지향 활동을 위해 적은 양의 시간만 소요하려는 경우에 비해 보다 도전적으로 목표를 설정할 수 있다.

다음 장에서는 'PRACTICE' 문제 해결 양식 중 남은 'ACTICE' 부분을 활용하여, REB 코치가 실제적인 문제 해결 방법을 실행에 옮기도록 하는 방법에 대해 논의할 것이다.

실제적 문제-초점적 REBC 2: 문제 해결 방법의 실행

이제 피코치는 실제적 문제를 확인하고 목표를 설정하는 과정을 거친 후, 'ACTICE'(즉, 'PRACTICE' 모델의 나머지 부분)을 사용할 준비가 되었다. 이 과정을 통해, 피코치가 앞선 코칭 과정에서 확인된 강점과 자원 사용 방법을 유념하도록 한다. 또한 코치는 유사한 당면 과제를 해결하는 데 있어 과거의 성공적 시도를 확인하고 표적 문제 대응 시 연관성을 검토하도록 한다.

1. 잠재적인 대안적 해결방안 만들기

이제 코치와 피코치는 당면하고 있는 문제가 무엇인지 알게 되었고 문제와 관련하여 무엇을 목표로 할 것인지 합의를 이루었다. 피코치가 문제에 대한 다양한 대안적 해결방안을 만드는 다음 단계로 넘어가기 전에, 문제 해결을 위해 그들이 이미 무엇을 시도해 보았는지 확인하는 것이 유용하다.

1) 과거의 문제 해결 시도 평가하기

문제를 해결하기 위해 피코치가 이미 시도해 본 것들은 효과적인 것으로 입증되지 않았을 가능성이 높다. 결국 피코치는 문제를 해결하기 위한 도움을 구하려 코치를 찾게 된다. 이때, 코치는 이러한 이전 시도들이 무엇인지 이해하고, 효과가 없다고 입증된 것을 피코치가 반복하게끔 내버려 두지 않는 것이 중요하다. 또한 피코치가 시도해 본 것 중 일부 요소는 유용할 수 있다. 따라서 처음부터 다시 하기보다는 이 요소들을 토대로 시작할 수 있게끔 할 필요가 있다.

2) 브레인스토밍 시작하기

브레인스토밍은 멍청하거나 어리석다는 걱정에서 벗어나 피코치가 창의적으로 생각하도록 격려하기 위해 고안된 유용한 전략이다. 특히 코치는 피코치에게 장려하려는 자유롭고 구속받지 않고 생각하기에 대한 모델링을 통해 이 과정에 참여할 수 있다. 브레인스토밍은 때로 피코치의 문제에 대해 다른 방식으로는 제시할 수 없었던 효과적인 잠재적 해결방안을 만들어 낸다.

2. 잠재적 해결방안 고려하기

피코치가 잠재적 해결방안을 만들고 나면, 각각에 대한 숙고와 평가 단계가 시작된다. 보통, 각각의 잠재적 해결방안을 실행함으로써 얻을 수 있는 결과를 중심으로 고려하게 된다(Palmer, 2008). 물론 피코치는 결과적으로 그들의 문제를 해결하기 위한 도움을 구하려고 코칭을 받는 것이므로 이 과정은 중요한 숙고 단계이다. 잠재적 해결방안에 따른 결과를 고려하는 과정에서, 피코치가 문제 해결 가능성 측면에서 그 효과성을 생각하는 동시에, 수반되는 다른 결과에 대해서도 생각할 수 있도록 해야 한다(예: 그 해결책을 선택함으로써 피코치의 삶의 해당 영역과 연관된 타인에게 미치는 영향력과 그에 따른 문제 해결의 장기적 효과).

피코치가 각각의 잠재적 해결방안들을 실행할지 말지를 고민할 때 고려해야 하는 다른 이슈들도 있다. 그중 하나가 특정 잠재적 해결방안과 피코치의 삶의 가치들 간 연관성이다. 실용적 관점에서 본다면, 피코치는 문제 해결을 위해 최적의 가능성을 가진 잠재적 해결방안을 갖게 될 수 있지만, 이를 실행에 옮겼을 때 한 가지 또는 그 이상의 개인적 가치들과 타협해야 할 수도 있어서 결국 그 해결방안의 선택을 보류할 수도 있다. 또 다른 중요한 이슈는 피코치가 문제 해결의 최적의 가능성을 가진 것으로 보이는 잠재적 해결방안을 수행할 능력을 ① 가지고 있는지, ② 필요한 기술을 가지고 있는지에 대한 것이다.

만약 피코치가 잠재적 해결방안을 실행에 옮기지 못한다면 문제는 명확하다. 피코치는 그것을 실행할 능력이 없다는 것이다. 그러나 필요한 기술이 없다면(능력은 갖고 있지만), 코치는 선택한 잠재적 해결방안을 실행하기 위해 필요한 기술 습득을 시도해 볼 만한 가치가 있는지 피코치와 논의해 보아야 한다. 피코치에게 잠재적으로 효과적이고 타당해보이는 대안적 해결방안이 많으면 많을수록 그들은 필요한 기술들을 배우려고 하지 않을 것이다. 그러나 선택한 대안이 유일하게 실현 가능한 것이라면, 실행 기술을 배우려고 할 것이다. 만약 코치가 이러한 기술 훈련을 직접 시켜 줄 수 있다면 그렇게 해야 하지만, 그렇지 않다면 피코치가 필요한 훈련을 다른 곳에서 받을 수 있도록 도와주어야 한다.

3. 가장 실현 가능한 잠재적 해결방안에 집중하기

앞서 언급한 숙고 과정의 마지막에, 피코치는 실질적으로 문제를 해결할 수 있는 한 가지 또는 그 이상의 잠재적 해결방안을 선택하게 된다. 한 가지 이상의 해결방안을 선택하게 되면, 피코치는 사용할 순서대로 이들의 순위를 매겨야 한다. 가장 첫 번째 오는 것이 목표가 되는 해결방안이 된다. 이것이 효과적이지 않다고 판단되면, 코치는 피코치가 리스트의 다음 순위인 해결방안으로 넘어가도록 한다.

4. 선택한 잠재적 해결방안 실행하기

피코치가 표적 해결방안을 선택하고 나면, 실행에 대한 도움이 필요하다. 코치와 피코치는 표적 해결방안의 실행을 논의하면서 몇 가지 이슈들을 고려해야 하는데, 이는 다음과 같다.

- 선택한 잠재적 해결방안을 관리 가능한 단계들로 나누기
- 각 단계를 언제, 어디서, 누구와 함께 실행할지 정하기
- 잠재적 해결방안을 실행하는 데 있어 나타날 수 있는 방해물을 확인하고 처리하기(20장 참조)

5. 선택한 잠재적 해결방안 강화하기

피코치가 선택한 잠재적 해결방안을 처음 실행하면서 문제를 해결할 가능성은 극히 드물기 때문에, 다음의 질문에 대해 생각해 보아야 한다. "내가 선택한 잠재적 해결방안이 원하는 결과를 도출하는 데 있어 최선이었는지 어떻게 확신할 것인가?" 피코치가 이 질문에 대한 답을 가지고 실행에 옮긴다면, 표적 해결방안의 실제 가능성을 활용하여 그들이 추구하는 변화를 구현할 수 있도록 할 것이다.

이 과정을 통해, 코치는 선택한 대안적 해결방안을 실행하는 경험에 대해 피코치와 논의할 수 있다. 이는 피코치가 실행하려는 잠재적 해결방안과 실행 방법을 수정하는 데 도움이 될 것이다. 또한 이를 통해, 코치와 피코치는 실제적 문제-초점적 REBC의 현재 단계에서 피코치가 직면하는 실제 장애물을 식별하고 처리할 수 있는 기회를 얻게 된다(20장 참조).

6. 평가하기

피코치가 앞선 강화 기간 동안 선택된 잠재적 해결방안을 실행에 옮기면, 코치는 그 효과를 평가하는 데 도움을 주어야 한다. 문제를 해결했는가? 그렇지 않다면, 실행 기간이 더 많이 주어지면 문제 해결 가능성이 더 높아지는가? 그렇다면 코치는 피코치가 선택한 문제 해결 과제를 계속해서 수행하도록 격려해야 하지만, 그렇지 않다면 그들의 잠재적 해결방안 목록에서 다음 순위를 선택하여 앞서 언급한 과정을 반복하도록 해야 한다. 여전히 문제 해결이 안 된다면, 피코치는 실제적 문제에 대해 확인해 봐야 할 정서적 어려움을 갖고 있을 수 있다.

다음 두 개의 장에서는 이러한 정서적 어려움을 이해하고 목표를 설정하도록 돕는 것에서 시작하여 정서적 어려움을 다루는 것에 대해 논의할 것이다.

정서적 문제-초점적 REBC 1: '상황적 ABCDEF' 양식 중 '상황적 ABC'를 활용한 정서적 문제 이해 및 목표 설정

이 장에서는 REB 코치가 피코치가 코칭을 필요로 하는 정서적 문제들을 이해하고 이와 관련해 목표를 설정하는 방법에 대해 제시할 것이다. 앞선 내용을 떠올려 보면, 1장에서 언급한 캐버나(Cavanagh, 2005)는 다음의 문제들이 있다면 피코치의 정서적 어려움을 함께 다루어야 한다고 주장하였다. ① 최근에 발생했거나 간헐적으로 발생했는지, ② 가벼운 또는 중간 정도의 고통을 나타냈는지, ③ 피코치의 삶의 특정 영역이나 특정 상황에 한정되어 나타나는지, ④ 피코치가 방어적이지 않은 상태에서 경험할 수 있는지, ⑤ 피코치가 변화를 위해 개방하여 표현할 수 있는지 등이다.

1. 목표로 하는 정서적 어려움에 집중하기

정서적인 문제에 대한 코치의 도움을 구하는 피코치는 한 가지 정서적 어려움만을 가지고 있을 수 있다. 그런 경우, 이 문제는 그들의 표적 문제가 될 것이다. 하지만 피코치가 한 가지 이상의 문제를 가지고 있는 경우도 있는데, 그 경우에는 피코치에게 어떤 문제를 먼저 해결하고 싶은지 물어보는 것이 좋은 실행 방법이 될 수 있다. 이제 이 문제는 표적 문제가 된다.

2. 피코치의 언어로 문제를 표현하고 공식화하기

REBC는 코칭에 대한 구조화되고 집중적인 접근법이지만, REB 코치는 피코치가 문제를 요약하기 이전에, 먼저 자신들의 방식으로 문제에 대해 말할 수 있는 확장된 기회를 주는 것이 바람직하다. 이 요약 내용은 피코치의 관점에서 문제의 모든 중요한 측면을 포함해야 한다. 코치는 여기서 명확하지 않거나 누락된 속성들을 명료화해야 한다. 문제 요약에는 다음의 내용이 포함되어야 한다. ① 피코치가 문제시하는 역경에 대한 설명, ② 피코치의 문제가 되는 반응이 무엇인지에 대한 설명이다. 코치는 나중에 평가 시점에서 훨씬 더 구체적인 정보가 제시되도록 해야 한다.

3. 자신의 목표에 집중하도록 격려하기

피코치가 문제를 기술하고 나면, 코치는 그들의 문제를 설명한 후, 이 문제와 관련된 목표가 무엇인지 확인해야 한다. 코치의 목표는 피코치가 역경을 회피하는 것이 아니라 직면할 수 있게 하는 건강한 방법이 있음을 알 수 있도록 하는 것이다. 이 부분은 뒤에서 다시 자세히 설명할 것이다.

4. 목표 문제의 구체적 사례에 대해 '상황적 ABC' 양식 활용하기

여기에서는 REB 코치가 REBC 이론을 토대로 정서적 어려움을 이해하고 목표를 설정하도록 조력하게 된다.

1) 표적 문제의 구체적 사례 질문하기

피코치의 문제에 대한 구체적인 사례는 코치와 피코치 모두에게 피코치의 정서적 어려움에 대한 구체적인 정보를 제공하여, 의미 있는 평가를 가능하게 한다. 이것은 최근에 발생했거나, 문제에 대한 전형적 사례이거나, 기억에 남거나, 기대되는 것일 수 있다.

2) '상황'에 대해 기술하기

피코치의 정서적 문제에 대한 구체적인 사례를 평가할 때, 문제가 발생한 상황을 설명하는 데에서 시작하는 것이 좋다. 여기에는 문제가 어디에서 누가 있을 때 발생한 것인지가 포함될 수 있다. 오디오가 포함된 비디오 카메라 녹화 내용을 재생하며 보고 듣는 것도 가능하다.

3) 'C'에 대한 문제적 반응 확인하기

이 경우, 코치의 과제는 'C'에서 피코치의 문제적인 반응, 즉 그 상황에서 어떻게 느끼고 행동했거나 행동하는 것처럼 느꼈는지, 어떤 생각이 그들의 정서를 유발했는지 확인하는 것이다. REB 코치는 6장의 〈표 6-1〉부터 〈표 6-8〉에 요약된 정보를 활용할 수 있다. 이 표들에는 코치가 관련 문제를 이해하기 위해 사용해야 하는 자세한 행동 및 인지 반응이 나열되어 있다.

4) 'A'에서 역경 식별하기

'A'에서의 역경은 피코치가 'C'에서 문제적으로 반응한 상황적 요소들을 나타낸다(앞선 내용 참조). 'A'를 평가하는 방법은 다양하다. 필자는 '윈디의 마법 질문'(Windy's Magic Question: WMQ)이라는 필자만의 접근법을 고안하였다. 코치가 취해야 할 단계는 다음과 같다.

- 1단계: 피코치에게 문제가 있는 'C'(예: '불안')에 집중하도록 요청한다.
- 2단계: 피코치가 'C'가 발생한 상황(예: '새로운 직업을 갖기 위한 면접을 앞두고 있다.')에 집중하도록 요청한다.
- 3단계: 피코치에게 질문한다. "'C'를 제거하거나 크게 줄이기 위해 어떤 부분을 제시해 볼 수 있을까요?" (불안감을 예로 들어보면, 피코치는 '면접에서 바보 같은 말을 하지 말 것'이라고 말했다.) 이때, 피코치가 상황을 바꾸지 않도록 해야 한다(예: '면접에 가지 않기'라고 말해서는 안 된다.).
- 4단계: 그 반대는 아마도 'A'(예: '면접에서 바보 같은 말을 하는 것')일 것이지만, 그래도 확인해 본다(질문: "그래서 인터뷰에 들어가려고 했을 때, 당신은 바보 같은 말을 하는 것에 대해 가장 걱정했나요?"). 그렇지 않다면, 피코치가 해당 상황에서 가장 불안했던 것이 무엇인지 확신이 들 때까지 질문을 반복한다.

5) 'C'에 대한 목표 정하기

지금까지 코치는 피코치가 ① 문제가 발생한 상황, ② 'A'에서의 역경, 그리고 ③ 'C'에서의 문제적 반응을 식별하도록 했다. 이 평가를 바탕으로 목표를 설정하기 위해서는 목표 진술문에 '상황'과 'A'에서의 역경이 모두 포함되어야 하고, 목표 진술문에는 'C'만 변경된다. 코치는 피코치가 'C'에서 건강한 정서, 행동 및 사고 반응을 설정할 수 있도록 한다. REB 코치는 6장의 〈표 6-1〉부터 〈표 6-8〉에 요약된 정보를 활용하여 역경에 대해 가능한 건전한 반응들에 대해 제안할 수 있다.

6) 'B-C' 연결 만들기와 'B' 식별하기

코치는 아직 피코치의 문제에서 기본 태도와 피코치가 설정한 목표의 역할을 설명하지 않았다. 이제 이것을 할 차례이다. 여기서 그들의 과제는 피코치가 'B-C' 연결, 즉 역경에 대한 피코치의 문제적 반응('C')이 주로 'A'에 대한 엄격하고 극단적인 기본 태도들[1]에 의해 결정되며, 같은 역경('A')에 대한 건강한 반응('C')은 'A'에 대한 유연하고 극단적이지 않은 태도('B')를 통해 주로 결정된다는 것을 이해하고, 피코치의 문제와 목표를 뒷받침하는 두 가지 태도를 확인하도록 하는 것이다.

필자는 이를 위해 '윈디의 평가 절차에 대한 검토'(Windy's Review Assessment Procedure: WRAP)로 알려진 기법을 고안했으며, 피코치의 경직된 태도와 대안적인 유연한 태도를 식별하는 방법을 설명하기 위해 이 기법을 적용하는 과정들을 다음에 개략적으로 설명할 것이다. 이 기법은 경직된 태도와 유연한 태도 쌍을 응용해서도 사용할 수 있다.

- 1단계: 코치는 "지금까지 우리가 알고 있는 것과 알지 못하는 것을

1) '태도'라는 단어는 모두 '기본 태도'를 가리킨다.

검토해 봅시다."라고 말한다.

- 2단계: 코치는 "우리는 세 가지를 알고 있습니다. 첫째, 우리는 당신이 불안해했다는 것('C')을 알고 있습니다. 둘째, 우리는 당신이 면접('A')에서 바보 같은 말을 하는 것에 대해 불안해했다는 것을 알고 있습니다. 셋째, 그리고 이것은 제가 미루어 짐작한 내용인데요, 우리는 인터뷰에서 바보 같은 말을 하지 않는 것이 당신에게 중요하다는 것을 알고 있습니다. 맞나요?"라고 말한다.
  - 피코치가 코치의 추측에 대해 수긍한다고 가정할 때, 그들은 피코치의 경직된 태도와 대안적인 유연한 태도 모두에서 공통적으로 나타나는 기본 태도의 일부를 파악하게 된 것에 주목해야 한다.
- 3단계: 코치는 "이제 우리가 잘 모르는 것을 검토해 봅시다. 이 부분에서 저는 당신의 도움이 필요합니다. 우리는 당신의 불안감이 두 가지 태도 중 어느 것에 근거했는지 모릅니다. 면접에서 바보 같은 말을 할까 봐 불안해할 때, "'태도 1: 내가 면접에서 바보 같은 말을 하지 않는 것이 나에게 중요하므로 해서는 안 된다.'(경직된 태도) 또는 '태도 2: 내가 면접에서 바보 같은 말을 하지 않는 것이 나에게 중요하지만, 그렇다고 내가 절대 그렇게 해서는 안 된다는 것을 의미하지는 않는다.'(유연한 태도) 중에서 어떤 것 때문에 그렇게 느꼈을까요?"라고 질문한다.
- 4단계: 필요하다면, 특히 피코치가 확신하지 못할 때, 코치는 피코치의 불안이 경직된 태도에 기초하고 있다는 것을 이해하도록 한다.

- 5단계: 피코치가 자신의 불안이 경직된 태도에서 비롯되었다는 것을 알게 되면, 코치는 경직된 태도('B')-방해되는 'C' 연결을 만들고 강조해야 한다. 코치는 "자, 당신이 태도 2에 강한 확신을 가지고 있었다고 가정해 봅시다. 면접에서 바보 같은 말을 하지 않는 것이 중요하긴 하지만, 바보 같은 말을 하게 되어도 괜찮다는 생각이 강하게 든다면 당신은 면접에서 바보 같은 말을 하는 것에 대해 어떻게 느끼겠습니까?"라고 질문한다.
- 6단계: 피코치가 즉각적으로 대답을 하지 못할 때, 코치는 필요에 따라 '걱정'과 같은 건강한 수준의 부정적 정서를 언급할 수 있도록 도움을 주고, 유연한 태도('B')-건강한 'C' 연결을 만들고 강조한다.
- 7단계: 코치는 피코치가 두 가지 'B-C' 연결 간 차이점을 명확하게 이해하도록 돕는다.
- 8단계: 코치는 해당 상황에서 피코치가 '걱정'을 정서적 목표로 설정하여 유연한 태도를 갖는 것에 확신을 높이는 것이 목표 달성의 최선의 방법임을 이해하도록 한다.

이제 피코치는 다음 장의 주제인 그들의 태도를 바꾸는 과정을 시작할 준비가 되었다.

정서적 문제-초점적 REBC 2: '상황적 ABCDEF' 양식의 'DEF' 부분을 활용한 태도 변화

피코치가 'B–C' 연결을 이해하고 나면, 특히 자신의 문제와 잠재적 해결책 평가에서 드러났듯이, 다음 단계에서 코치는 피코치가 정서적 문제의 구체적 사례에 내재된 경직되거나 극단적인 기본 태도와 문제에 대한 잠재적 해결책을 뒷받침하는 유연하거나 극단적이지 않은 기본 태도를 검토하도록 한다. 이것은 필자가 '변증법적 방법'이라고 부르는 'D' 단계이다.

1. 태도의 경직성/극단성 수준 검토에 대한 변증법적 관여('D')

'변증법적 관여'라는 용어는 보통 어떤 주제에 대해 다른 관점을 가지고 있으면서도 합리적인 논쟁을 통해 진실을 규명하려는 두 명 이상의 사람 사이의 대화를 말한다. 이 용어는 어떤 사람(즉, 피코치)

이 역경에 대해 상반된 태도를 유지하고 있고, 합리적인 논쟁을 통해 어떤 태도가 진실하고, 가장 합리적이며, 가장 도움이 되는지, 어떤 태도가 거짓이고, 가장 합리적이지 않고, 도움이 되지 않는지를 확인하고자 하는 코칭 상황에 적용될 수 있다. 정서적 문제-초점적 REBC(EPF-REBC)에서 피코치에게 다양한 방식으로 변증법적 방법을 적용해 볼 수 있지만, 필자는 그중 두 가지를 여기서 언급하고자 한다.

1) 변증법적 관여를 통한 선택

코치는 피코치와 함께 경직되고 극단적인 태도와 유연하고 극단적이지 않은 태도를 검토하고, 경험적 · 논리적 · 실용적 근거를 고려하여 변증법적 방법을 적용한 선택하고, 그 선택의 이유를 찾도록 한다.

2) 변증법적 방법을 통한 올바른 자녀 교육

피코치의 경직되고 극단적인 태도와 유연하고 극단적이지 않은 태도를 검토하면서 피코치를 변증법적 방법을 적용하는 또 다른 방법은 코치가 다음과 같이 질문하는 것이다. ① 양육의 관점에서 자녀에게 어떤 태도를 가르칠 것인지, ② 왜 그 태도를 가르치기로 선택했는지, ③ 왜 나머지 태도는 가르치지 않기로 했는지 등이다. 이렇게 한 후, 피코치가 유연하고 극단적이지 않은 태도를 선택한다고 가정했을 때, 피코치가 스스로 이런 태도를 선택할 때 어떤 의구심, 거리낌 또는 반대 의견을 가질 수 있는지 코치와 논의할 수 있다.

2. 'E' 단계에서 달성한 것(달성하지 못한 것) 인정하기

이 단계에서, EPF-REBC 과정 중 현 시점에서 달성된 사항을 검토하는 것이 좋다. 'E' 단계에서 변증법적 방식의 효과에 대해 피코치는 그들 문제의 특징적인 역경에 대한 혼란스러운 반응의 정서적 · 행동적 · 인지적 요소를 이해해야 한다. 그들은 문제를 뒷받침하는 역경에 대해 그들이 가지고 있는 경직된 태도와 극단적 태도 및 그들의 문제에 대한 해결책을 뒷받침하는 유연한 태도와 극단적이지 않은 대안적 태도를 이해해야 한다. 그 결과, 유연한 태도와 극단적이지 않은 태도의 결과는 문제 기반 목표를 구성한다. 또한 그들은 자신의 경직되고 극단적인 태도가 거짓이고 비논리적이며 도움이 되지 않는다는 것, 그리고 유연하고 극단적이지 않은 태도가 진실되고 논리적이며 도움이 된다는 것을 이해하고, 그 이유에 대해서도 알아야 한다.

그러나 이것을 아는 것만으로는 문제의 역경에 대한 그들의 실제 반응에 아직 차이를 만들지 못할 것이다. 그러한 차이를 만드는 것은 피코치가 역경을 마주하여 유연하고 극단적이지 않은 태도를 연습하면서 이 지식에 따라 행동하고 그들의 문제 기반 목표를 성취할 때까지 필요한 만큼 여러 번 실행하는 것이다. 이것은 변화를 촉진하는 'F' 단계에서 진행된다.

3 'F' 단계에서 피코치의 진정한 변화 촉진하기

변화를 촉진하기 위해 코치는 피코치가 문제 기반 목표를 달성하는 데 도움이 되는 다수의 인지, 이미지, 행동 및 정서적 과제를 수행하도록 한다(관련 기술에 대한 설명은 DiGiuseppe, Doyle, Dryden, & Backx, 2014; Dryden, & Neenan, 2004; Leahy, 2017; Whitten, 2009 참조). 이때, REB 코치는 다수의 중요한 원칙에 따라 진행하게 된다.

1) 인지 및 행동 과제를 조화롭게 활용하기

피코치가 유연하고 극단적이지 않은 태도를 강화하는 가장 좋은 방법은 그것과 일치하는 방식으로 행동하는 것이다. 마찬가지로, 피코치의 건설적인 행동은 발전을 위해 전념하는 태도가 뒷받침된다면 지속될 가능성이 높다. 이러한 방식으로, 건강한 태도와 건설적인 행동은 상호 강화된다. 반대로, 코치는 피코치가 한 가지 일을 행동하면서 다른 생각을 하는 것을 자제하도록 해야 한다. 왜냐하면 이것은 피코치의 문제를 지속시킬 것이기 때문이다.

2) 도전적이지만 압도적이지 않은 방식으로 역경에 직면하기

역경에 대처하는 가장 유용한 것 중 하나는 단기적으로는 불편하더라도 역경을 직면하는 것이 장기적으로 봤을 때 회피보다 더 효과적이라는 것이다. 결과적으로, 코치는 피코치와 이 절충안에 대해 논의할 필요가 있다. 역경을 온전히 마주하는 것이 그것을 효과적으로 다루는 가장 효율적인 방법이더라도, 피코치가 준비되지 않을 수도 있다. 이때, 코치는 도전 의식을 경험하면서도 그에 압도되지 않는 방식으로 역경에 직면한다는 개념을 설명하고 논의해야 한다 (Dryden, 1985b). 피코치가 역경에 맞서 자유롭게 선택한 방식에 전념할수록, 그렇게 행동할 가능성을 더 높인다는 것을 기억할 필요가 있다.

3) 적절하게 협의된 과제 수행하기와 다음 회기를 시작할 때 과제 검토하기

규칙적으로 과제를 완료하는 것은 피코치가 문제-기반 목표를 달성할 수 있는 가장 좋은 방법 중 하나이다. 13장에서는 피코치의 코칭 효과를 극대화하기 위해 과제의 협의와 검토에 대해 논의하였다. 주요 이슈에 대한 논의는 13장을 참조하라.

4) 표적 문제에 대한 변화 유지하기

EPF-REBC를 시작할 때, 코치는 피코치의 목표 문제에 대한 구체적인 사례를 가지고 작업한다. 과제의 경우, 앞에서 소개한 '도전적이지만 압도적이지 않은' 원칙을 사용하여 문제에 대해 진전을 이룰 때까지 동일한 문제의 다른 사례를 다루는 것이 중요하다는 점을 알려주어야 한다(Dryden, 1985b).

5) 변화를 다른 문제로 일반화하기

코치는 피코치가 목표 문제에서 학습한 것을 도움이 필요한 다른 문제에 일반화할 수 있는 방법을 찾아 줄 수 있어야 한다. 이때, 일반화의 기회는 코칭 초반, 피코치의 경직되고 극단적인 태도가 문제 전반에 걸쳐 동일하게 나타날 때, 가장 쉽게 포착할 수 있다.

코칭이 원활하게 진행되는 경우는 거의 없다는 것을 항상 기억해야 하며, 다음 장에서는 코칭 과정상 장애물과 REBC를 통해 이러한 장애물을 가장 잘 해결할 수 있는 방법에 대해 논의할 것이다.

REBC에서의 장애물 확인, 이해 및 대응

REBC에서의 장애물은 피코치의 발달-초점적 REBC(DF-REBC)에서 발달-기반 목적 또는 문제-초점적 REBC(PF-REBC)[1]에서 문제-기반 목표로 향하는 길을 막는 무언가 또는 이 목적이나 목표로 향한 진전을 방해하는 무언가로 정의될 수 있다. 이 장에서는 피코치가 정서적 · 행동적 · 인지적으로 건강하지 못한 방식으로 반응하는 장애물에 초점을 맞춘다. REBC에서는 피코치가 그러한 장애물을 다룰 수 있도록 도와줌으로써 더 이상 그것들이 장애물로 작용하지 않게 하는 것을 목표로 한다. 그 결과, 피코치는 DF-REBC에서 목적을 추구하거나 PF-REBC에서 목표를 추구하는 과정에 다시 집중할 수 있다. 이러한 장애물을 다루는 문제는 REBC의 두 가지 형태에서 본질적으로 동일하기 때문에 20장에서 함께 다룰 것이다. 또한 실제 장애물을 식별하고 이해하고 대응하는 것과 관련해 여기서 언

1) 이 장에서 PF-REBC를 논할 때 특별히 명시하지 않는 한 실제적 PF-REBC와 정서적 PF-REBC를 모두 의미한다.

급되는 모든 내용은 피코치가 모든 잠재적인 장애물을 예측하고 이해하고 대응하도록 하는 데에도 적용될 수 있다.

1. 피코치가 만나게 되는 장애물 유형 파악

피코치는 다음의 네 가지 유형의 장애물을 만날 수 있다.

- REBC 과정과 관련된 외적인 역경이 발생한다(예: 피코치가 코칭 계획을 실행할 때 누군가가 피코치를 비판한다).
  코치는 피코치의 장애물이 실제적 문제를 나타내는 경우 'PRACTICE' 문제 해결 양식을 사용하거나, 정서적 문제를 나타내는 경우 '상황적 ABCDEF' 양식을 사용하여 피코치가 장애물을 다룰 수 있도록 한다.
- REBC 과정과 관련이 없는 외적인 역경이 발생한다(예: 피코치의 친척이 매우 아프다).
  피코치가 이에 대해 정서적 문제를 가지고 있다면, 코치는 '상황적 ABCDEF' 양식을 사용하여 도움을 줄 수 있다. 장애물이 실제적 문제로 이어진다면, 'PRACTICE' 양식을 사용할 수 있다. 그러나 피코치가 이러한 역경에 대해 실제적이거나 정서적인 문제를 가지고 있지는 않지만, 그러한 문제가 있다는 것은 현재 코칭 과정을 계속할 시간이나 집중력이 없다는 것을 의미할 수 있으며, 코칭을 잠시 중단해야 할 수도 있다. 이 경우 코치는 코칭 목표를 추구하는 데 전념할 시간과 여유가 있을 때 피코치가 코칭 과정을 재개할 수 있도록 일정을 조율한다.

- REBC 과정과 관련된 내적 역경이 발생한다(예: 피코치는 목표를 달성하기 위해 수행해야 하는 과제들을 회피하기 시작하며, 이때 외적 요인은 존재하지 않는다).

  이는 대개 코치가 '상황적 ABCDEF' 양식을 통해 대응할 수 있는 정서적 문제를 나타낸다. 그러나 이것이 실제적 문제로 인한 것이라면, 'PRACTICE' 양식을 사용할 수도 있다.

- 피코치가 REBC 과정을 지속하기 어렵게 하는 환경 변화에 직면한다(예: 아픈 동료를 위해 훨씬 더 많은 일을 떠맡았다).

  코치는 'PRACTICE' 양식을 사용하여 피코치가 환경 변화에 대처할 방법을 찾을 수 있는지 판단하는 데 도움을 줄 수 있다. 그렇지 않다면, 특히 발달-기반 목적을 추구하는 경우, 피코치는 코칭에 전념할 수 있는 시간적 여유가 생길 때까지 코칭을 연기해야 할 수 있다.

2. 장애물에 대한 대응 방안 결정

피코치가 어떤 종류의 장애물에 부딪혔는지 확인한 후, 그다음 단계는 코치와 피코치가 함께 그것을 어떻게 해야 할지 결정하는 것이다. 다음 내용들은 이때 사용 가능한 대안, 그리고 언제 피코치와 코치가 함께 이를 활용할지를 중점적으로 설명한 것이다.

1) REBC 과정 중 장애물에 대응하는 경우

피코치가 장애물을 처리할 수 있도록 코치가 도울 수 있다고 본다면, 코치와 피코치는 REBC 과정에서 장애물을 다루기로 합의한다. 이 과정이 끝나면, 피코치는 그들의 발달-기반 목적 또는 문제-기반 목표를 다시 추구하게 된다.

2) 피코치 혼자 장애물에 대응하는 데 합의한 경우

때로는 목표 추구를 방해할 수 있는 장애물의 본질적 속성을 발견하게 되면, 피코치는 이미 그 장애물을 혼자서 대응할 수 있는 자원을 갖고 있음을 깨닫게 된다. 그들이 직면한 장애물의 유형을 코치가 평가해 주면 그들은 장애물을 이해하게 되고, 이를 바탕으로 코치가 REBC 과정 중 장애물 대응에 도움을 주는 것과는 별개로, 장애물을 처리할 수 있다는 자신감을 갖게 된다. 이때, 코치는 피코치 스스로 장애물에 대응하도록 해야 하며, 피코치가 해결해 보려 했지만 장애물이 여전히 존재하는 것이 분명할 경우에만 도움을 주어야 한다.

3) 피코치가 장애물에 대응하지 않기로 선택한 경우

컴퓨터의 바이러스 방어 시스템이 바이러스를 탐지하면, 감염된 파일을 격리하여 바이러스를 막는다. 바이러스는 여전히 존재하지만 컴퓨터 작동에는 영향을 미치지 않는 것이다. 즉, 바이러스는 '차단'된다. 마찬가지로, 피코치가 자신의 발달-기반 목적 또는 문제-기반 목표 추구 과정에 부정적인 영향을 미치는 장애물 유형을 식별한 후 이를 '격리'시키는 경우가 있다. 그 결과, 피코치는 자신의 목표를 향한 작업을 재개할 수 있게 된다. 이는 그 역경이 REBC 과정과 관련이 없는 외적 요인일 때 특히 그렇다. 피코치가 이러한 '격리' 전략을 사용할 때, 코치는 그것이 효과적인지 여부를 금방 알게 될 것이다. 코치가 개입하는 시점은 바로 이 '격리' 전략이 성공하지 못한 것으로 확인되었을 때이다.

3. REBC에서 장애물에 대응하는 방법

코치와 피코치가 REBC 과정을 통해 장애물에 대해 작업하기로 결정하면, 그들의 1순위는 장애물을 식별하고 그것이 실제적 문제인지 아니면 정서적 문제인지를 결정하는 것이다. 실제적 문제를 나타내는 경우에는 그 문제 해결을 위한 'PRACTICE' 양식을 사용할 수 있고(16장, 17장 참조), 정서적 문제를 나타내는 경우에는 '상황적 ABCDEF' 양식을 사용할 수 있다(18장, 19장 참조).

1) 정서적 문제에 대한 정서적 문제 대응 방법

여기서 언급할 필요가 있는 한 가지 공통적인 장애물은 피코치가 그들이 본래 가지고 있던 정서적 문제에 대한 정서적 문제를 가지고 있을 경우로, 이러한 '메타－정서 문제'[2]가 있다는 것은 자신의 '일차적인' 감정 문제에 충분히 집중할 수 없다는 것을 의미한다. 이때, REB 코치는 다음과 같은 방법으로 피코치를 돕게 된다.

- 메타－정서 문제에 집중하는 데 피코치의 동의를 구하기
- 메타－정서 문제의 구체적인 사례를 평가하기
- 'C'에서 문제가 되는 정서적 · 행동적 · 인지적 반응에 초점을 맞추기. 예를 들어, 수치심은 보편적인 메타－정서 문제이다.
- 'A'를 확인하기. 피코치가 경험한 정서나 감각, 그 문제의 의미와 같이 주요한 정서적 문제에 대해 특히 어떤 점을 불편하다고 느끼는지 찾아보아라(예: "이런 문제가 있다는 것은 내게 약점이 있다는 증거이다.").
- 피코치의 목표를 파악하고 원래의 정서적 문제에 대한 건강한 대응 방법을 찾기 위해 노력하기
- 원래의 정서적 문제에 대한 경직된/극단적인 태도와 유연한/극단적이지 않은 대안적인 태도를 구분하기
- 피코치가 두 가지 태도를 변증법적으로 탐색하도록 하기
- 피코치가 메타－정서 문제로 방해받지 않고 대응할 준비가 될 때까지 원래의 정서적 문제에 대해 유연하고 극단적이지 않은 태도를 개발하는 방향으로 연습하고 행동하도록 하기

2) '메타-정서 문제'라는 용어는 정서적 문제에 대한 정서적 문제를 가지고 있다는 뜻이다.

다음 세 개의 장에서는 공통적인 코칭 문제에 대해 다룰 것이다. 이 세 가지 문제가 피코치의 삶을 크게 방해할 수 있을 뿐만 아니라 코칭 과정 참여 또한 방해할 수 있기 때문이다. 다음 장에서는 죄책감과 이를 코칭에서 어떻게 다룰지에 대해 설명할 것이다.

코칭에서 일반적인 피코치의 문제 다루기 1: 죄책감

이 장에서는 피코치의 삶과 그들의 코칭 참여도에 부정적인 영향을 미칠 수 있는 정서인 죄책감에 대해 다룰 것이다.

1. 삶에서 죄책감의 영향력에 대한 이해

죄책감이라는 정서는 사람들의 삶에 억제적인 영향을 미칠 수 있다. 사람들이 죄책감을 경험하면, 일이 잘못될 경우에 대비하여 삶의 위험을 감수하는 것을 회피하는 경향이 있다. 그들은 자신을 우선적으로 생각하는 것을 두려워하게 된다. 이는 자신이 이기적으로 보이거나 이기적인 사람이 될까 봐 두려워하거나 그렇게 함으로써 다른 사람들에게 상처를 줄 수 있기 때문이다. 결과적으로 그들은 삶에서 가장 저항이 적은 노선을 택하는 경향이 있다. 그들은 스스로를 드러내지 않고 자신의 욕망보다 다른 사람의 욕망을 우선시한다. 그들은 죄책감을 느끼게 하여 그들을 통제할 수 있는 사람에 의해 조종당하기 쉽고, '아니요.'라고 말하는 것을 끔찍하게 어려워하기 때문에 이용당하는 경향이 있다.

1) 죄책감과 회피

비록 피코치가 죄책감 문제를 가지고 있을지라도, 그들은 살면서 죄책감의 정서를 자주 경험하지 못할 수도 있다. 왜냐하면 그들은 역경이 될 만한 것, 그래서 죄책감을 느끼게 만드는 것을 마주하지 않도록 의도된 방식으로 행동하기 때문이다. 필자는 앞서 6장의 '죄책감 대 후회' 표에서 이러한 역경들을 요약하였다. 일반적으로 이러한 역경은 다음과 같다. ① "나는 잘못된 일을 했다(예: 이기적으로 행동했다)." ② "나는 옳은 일을 하지 못했다(예: 다른 사람의 감정을 고려하지 못했다)." ③ "나는 다른 사람의 감정을 상하게 했다."

2) 죄책감에서 태도의 역할

누군가 죄책감을 느낄 때, 이는 '절대 해서는 안 될 일을 했으므로 나는 나쁘다.'거나 '반드시 했어야 할 일을 하지 않았으므로 나는 나쁘다.'와 같은 태도에 기인하고 있다. 이와 같이 사람들이 죄책감을 느낄 때, 그들의 태도는 엄격하고 도덕적인 차원에서 스스로에 대한 극단적인 것을 내포하고 있다.

2. 코칭에서 죄책감의 영향력에 대한 이해

그렇다면 이와 같은 일련의 문제를 가진 사람이 코칭에 참여한다고 상상해 보자. 그들은 어느 정도의 양가성을 가지고 도움을 구하는 경향이 있을 것이다. 한편으로, 그들은 살고 싶은 대로 살고 있지 않거나 그들의 잠재력을 활용하고 있지 않다는 것을 알고 있다. 하지만 또 한편으로는, 스스로를 중심에 놓고 코칭을 통해 얻고 싶은 것에 대해 생각하도록 하면, 그들은 이처럼 자신에 대해 생각하고 자신을 우선시하는 것에 익숙하지 않기 때문에 말을 하지 않으려는 것처럼 보이기도 한다.

3. 죄책감에 대한 코칭 전략

앞서 피코치의 죄책감 문제에 대해 구체적 사례와 함께 '상황적 ABCDEF' 양식을 적용할 수 있고, 이때 후회가 건강한 대안임을 제시하였다(6장 참조). 그와 더불어 코치는 피코치에게 적합한지를 고려하여 다음과 같은 죄책감에 대한 유용한 코칭 전략을 사용할 수 있다.

- 피코치가 죄책감을 문제로 언급할 때, 어느 정도 문제가 되는지 말하고 그들의 삶에 어떤 영향을 미치는지 목록을 작성하도

록 한다. 그들에게 긍정적 결과와 부정적 결과를 나열하도록 요청하라.

- 죄책감이 잘못된 일을 하지 않도록 예방해 준다는 잘못된 생각을 해소하라. 죄책감은 '나는 나쁘다.'라는 태도를 바탕으로 하기 때문에, 피코치는 자신이 나쁘기 때문에 주로 잘못된 짓을 할 것이라고 생각한다는 것을 깨닫게 해야 한다. 오히려 죄책감은 그들이 잘못을 저지를 가능성을 감소시키기보다는 증가시킬 가능성이 높다.
- 그들이 다음과 같은 생각을 할 때 유연하고 자기 수용적인 태도를 취할 수 있도록 도우라. ① 잘못된 일을 했다, ② 옳은 일을 하지 못했다, ③ 누군가의 감정을 상하게 했다 등이다. 이때, 이러한 추론에 이의를 제기하지 말고 일단은 그것이 사실이라고 가정하도록 하라.
- 피코치가 이러한 유연하고 자기 수용적인 태도를 개발하는 데 있어 가질 수 있는 의구심, 거리낌 또는 반대 의견을 확인하고 다루라. 피코치가 사랑하는 사람이 다음과 같은 행동을 했을 때 의견 표현을 해 보도록 상상하는 것이 도움이 된다. ① 같은 잘못을 저질렀거나, ② 같은 옳은 일을 하지 못했거나, ③ 같은 사람의 감정을 상하게 했다 등이다. 그들은 같은 상황에서 그 사람에 대해 훨씬 더 수용적이고 연민 어린 견해를 가지고 있을 것이다. 피코치의 이러한 불일치를 찾아보는 것은 매우 중요하다. 필요하다면 그들의 아이들(또는 그들이 사랑하고 책임감을 가지고 있는, 자신보다 어린 사람들)에게 이러한 죄책감을 유발하는

태도를 가르칠 것인지 물어보라. 만약 그렇지 않다면, 그 사람이 다음 중 한 가지를 선택할 수 있음을 깨닫게 하라. 즉, 경직되고 극단적인 태도를 계속 유지하거나 유연하고 자기 수용적인 태도를 개발하는 데 전념하는 것이다.

- 만약 그들이 이러한 유연하고 자기 수용적인 태도를 개발하는 데 전념하기로 결정했다면, 죄책감을 피하기 위해 이전에는 하지 않았을 행동들을 나열하도록 하라. 그들에게 익숙하지 않지만, 건강한 태도를 연습하면서 자기 이익을 위해 행동했을 때 어색하다는 느낌을 받을 가능성에 대비하도록 도와주어야 한다. 그런 다음 앞에서 논의한 '도전적이지만 압도적이지 않은' 원칙에 따라 행동하도록 하라.
- 피코치가 이렇게 깨우치게 된, 자기 이익을 위한 건강한 태도를 개발하고 그것이 이기심과 매우 다르다는 것을 이해하도록 도우라. 이때, 그들은 자기 관리에 책임이 있고 자신의 건강한 이익을 우선시하면서, 때로는 자신의 이익보다 다른 사람의 이익을 우선시하는 것이 건강하다는 점을 인정할 것이다. 이렇게 깨우치게 된 자기 이익은 유연한 입장인 반면, 이기심은 경직되어 있고 다른 사람의 이익을 전혀 신경 쓰지 않고 자신의 이익만 챙기는 것을 의미한다. 또한 7장에서 보여 주었듯이, 자기 이익을 인식하게 되는 것은 피코치가 사회적 관심을 보이지 않는다는 것을 의미하는 것이 아니며, 이는 피코치가 ① 다른 사람들에게 일어나는 일에 대해 진정으로 신경 쓰기 때문에 그들에게 관심을 갖는 것, ② 그들의 복지와 행복에 기여하는 것을 포함

한다. 그러나 이것은 그들 자신의 복지와 행복을 희생하면서 행해지는 것이 아니다.

- 마지막으로 피코치가 경직되고 극단적인 태도가 그들의 추론에 어떻게 영향을 미치는지, 나쁜 결과에 대한 그들의 책임을 과대평가하고 좋은 결과에 대한 책임을 과소평가하게 만드는지를 이해하도록 하는 것이 중요하다. 이러한 경직되고 극단적인 태도는 또한 자신이 다른 사람들에게 끼쳤을지도 모르는 피해를 과대평가하게 하고, 이득에 대해서는 과소평가하게 한다. 모순적인 것은 죄책감 문제를 가진 사람들이 해로운 일보다 좋은 일을 더 많이 하면서도 경직되고 극단적인 태도로 인해 나쁜 면만을 주로 보게 된다는 것이다.

다음 장에서는 피코치의 삶의 질과 코칭 참여도를 방해하는 또 다른 공통 문제인 불안에 대해 논의할 것이다.

코칭에서 일반적인 피코치의 문제 다루기 2: 불안

이 장에서는 피코치의 삶과 그들의 코칭 참여도에 부정적인 영향을 미칠 수 있는 또 다른 정서인 불안에 대해 다룰 것이다.

1. 삶에서 불안의 영향력에 대한 이해

심리적으로 기반을 둔 불안은 개인의 사적 영역["… 개인적으로 가치 있다고 생각하는 모든 것을 포함하는 일종의 심리적 공간"(Dryden, 2011a: 25)]에 대한 위협의 추론적 맥락에서 발생한다. 〈표 6−1〉의 불안과 걱정에 대한 비교 표에서 보여 주듯이, 불안하면 사람들은 그 위협에서 벗어나거나 그것을 제거하려고 애쓰는 경향이 있다. 두 가지 반응 모두 매우 빠르게 나타나기 때문에 위협에 효과적으로 대처하거나 추측한 대로 위협이 실재하는지 확인하는 등 위협을 적절하게 처리할 가능성은 매우 낮다. 위협을 회피하려는 것이 아마도 사람들의 더 일반적인 성향일 것이다. 이때, 사람들은 위협이 실재하는지에 대한 충분한 증거가 있든 없든 간에 위협이 존재한다고 추론하게 된다. 이는 일련의 엄격하고 극단적인 태도를 가진 경우 매우 빠르게 처리되기 때문에 그 결과로 위협을 회피하기 위한 행동을 유발하는 것이다. 회피는 스스로를 안전하게 지키기 위한 전략적 의도를 갖지만, 불안의 문제를 유지하는 효과를 갖는다는 점에서 장기적인 대가를 치루게 한다. 회피는 단기적으로 사람을 안전하게 만들 수 있어도, 위협이 실제가 아니라고 판단하거나 위협이 존재할 때 그에 효과적으로 대처할 수 있게끔 위협을 적절하게 처리할 기회를 주지 않는다.

회피는 불안에 대처하기 위해 행동적으로나 인지적으로 사용할 수 있는 안전 추구 전략 중 가장 일반적인 예이며, 이는 다시 무의식적으로 불안을 지속하는 결과로 이어지게 된다.

1) 불안과 위협

앞서 언급했듯이, 불안은 사적 영역의 핵심적 측면과 관련하여 위협이 존재한다는 주관적 추론의 맥락 속에서 발생한다. REBC 이론에서 사적 영역은 크게 두 가지가 있다. ① 자기 자신에 대한 평가에 있어 위협이 감지되는 '자아 영역', ② 폭넓게 정의되는 개인의 편안함에 위협이 감지되는 비(非)자아 영역인 '편안함의 영역'이다(Ellis, 1979, 1980). 사람은 같은 상황에서 자아의 위협과 편안함의 위협에 대해 불안감을 느낄 수 있다. 6장의 〈표 6-1〉에서 보듯이, 위협이 존재한다고 느낄 때, 걱정은 불안에 대한 건강한 대안이다. 불안은

('C'에서) 위협에 대한 반응일 뿐만 아니라('A'에서) 그 사람에 대한 위협 자체일 수 있는데, 이는 'B'에서의 태도로 인해 스스로를 불안하게 만들기 때문이다(다음 참조). 이것은 '불안에 대한 불안' 또는 '메타 불안'으로 알려져 있다.

2) 불안에서 태도의 역할

자아의 위협에 대해 불안을 느낄 때, 이는 '이 위협은 존재해서는 안 되고 존재한다면 나의 가치가 떨어진다.'는 태도에서 기인한다. 자아 이외의 위협에 대해 불안을 느끼면, 이 감정은 '이 위협은 존재해서는 안 되며 존재한다면 끔찍한 일이고 나는 그것을 참을 수 없다.'는 태도에 근거한다. 보다시피 불안 속에서 그 사람의 태도는 다시 경직되고 극단적으로 작용한다.

2. 코칭에서 불안의 영향력에 대한 이해

피코치가 불안 성향을 코칭 과정에 끌고 올 때, 이는 보통 자신을 위협에 노출시킬 수 있는 위험감수를 꺼리는 태도로 나타난다. 코치는 위협에 노출시키지 않은 채 코칭 목표를 달성하려고 한다. 이러한 상황을 관리하기 위해서 코치는 능숙하게 코칭 전략을 실행할 필요가 있다.

3. 불안에 대한 코칭 전략

피코치의 불안 문제에 대해, 관련된 구체적인 예시와 함께 '상황적 ABCDEF' 양식을 사용하는 것 외에도, 건강한 대안으로서 걱정(6장 참조)에 대해 고려할 수 있다. 다음은 피코치에게 적합한 경우 코치가 사용할 수 있는 유용한 코칭 전략이다.

- 피코치가 두 가지 사적 영역, 즉 자아 영역과 비자아 영역에서 불안해하는 것의 목록을 제공하도록 하라. 목록은 각 영역별로 상위 5개 주제로 제한하도록 한다. 이를 제한하지 않으면 그들이 압도당한다고 느끼는 엄청나게 긴 목록을 가져오는 피코치도 있다.
- 불안이 자신을 위협에서 보호한다는 잘못된 생각을 해소하라. 단기적으로는 그럴 수 있지만 장기적으로는 그렇지 않다는 것을 알 수 있도록 도와주어야 한다.
- 불안을 다루는 연구결과가 가지는 의미를 이해하도록 하라. 이 연구는 위협을 직면하고 건강한 태도로 처리하며 이를 반복적으로 경험함으로써 얻는 이중 혜택의 효과를 분명하게 제시한다. 그들은 이론적이라기보다는 경험적으로 다음과 같이 배우게 된다. ① 그들은 위협을 과대평가해 왔지만, ② 위협이 발생하면 건설적으로 대응할 수 있다.
- 따라서 코치의 주요 과제는 건강한 태도와 위협에 대응하는 건

설적인 방법으로 무장한 피코치가 위협에 직면할 수 있도록 돕는 것이며, 이를 위해 피코치는 평소 사용하는 안전 추구 전략(행동 및 인지 모두)을 가능한 한 사용하지 않고 가급적 이를 수행하도록 해야 한다.

- 코치는 피코치가 위협에 직면할 때 '도전적이지만 압도되지 않는다.'는 원칙을 사용하도록 해야 한다(Dryden, 1985b).
- 피코치가 위협에 대한 유연하고 극단적이지 않은 태도를 개발하고 이러한 태도를 현장에서 연습할 수 있도록 하라.
- 피코치가 이러한 유연하고 자기 수용적인 태도를 개발하는 데 있어 가질 수 있는 의구심, 거리낌 또는 반대 의견을 확인하고 다루라. '죄책감'에 관한 장에서 제안한 이 문제에 대해 다른 사람에게 조언하는 전략을 사용하라.
- 6장의 〈표 6-1〉 불안 대 걱정 비교 표를 사용하여 피코치가 특히 불안과 관련된 인지적 결과에 대해 불안할 때 그들의 마음이 어떻게 작용하는지 이해하도록 하라. 구체적으로, 코치는 피코치가 이렇게 심하게 왜곡된 위협을 대처하는 최선의 방법을 고려하도록 한다. ① 그것들에 반응하거나, ② 무의식적으로 그것들을 어떻게 만들어냈는지 이해한 후 수용한다.
- 피코치가 불확실성과 자기 통제에 대한 위협에 대처할 수 있도록 하라(Dryden, 2011c 참조).
- 피코치가 메타 불안의 문제를 다룰 수 있도록 돕는 방법은 다음과 같다.
  - 피코치가 'A'에서 자신의 불안감에 대해 무엇이 위협적인지

발견할 수 있도록 하라. WMQ를 사용하라(18장 참조). 공통된 'A'는 고통스러운 감각, 문제가 언제 끝날지에 대한 불확실성, 자제력을 잃는 것, 그리고 그것이 나약함의 징후라고 추론하는 것이다.

- 'A'에 대한 경직되고 극단적인 태도와 대안적 태도를 식별할 수 있도록 하라.
- 이 두 가지 다른 태도에 대한 변증법적인 토론에 참여시켜 보라.
- 불안의 위협적인 측면에 대해 유연한 태도를 취할 수 있도록 하라. 그것의 존재를 인정하고 불안해하지 않는 것이 좋지만, 그로부터 자유로울 필요는 없다는 것을 인정하도록 하라.
- 그들의 불안을 없애거나 회피하거나 외면하려고 애쓰지 않도록 하라. 오히려 불안이 사라질 때까지 불안과 함께 머무르도록 하라.
- 불안에 대한 공포에서 벗어나도록 하라. 불안은 피코치의 삶에서 뭔가 탐구해 봐야 할 것이 있다는 신호이다. 그것은 본질적으로 위험하지 않다.
- 그들이 불안을 견딜 수 있다는 것을 깨닫게 하라.
- 불안해하는 것에 대해 부정적으로 생각하는 경우에도 그들 스스로를 받아들이도록 하라.

불안에 대한 보다 더 자세한 논의와 REBC 관점에서 이를 다루는 방법은 드라이든(Dryden, 2011c)을 참조하라.

다음 장에서는 피코치의 삶의 질과 코칭 참여도를 방해하는 세 번째 공통 문제인 지연행동에 대해 논의할 것이다.

코칭에서 일반적인 피코치의 문제 다루기 3: 지연행동

피코치의 삶에 상당한 장해물이 될 수 있는 지연행동은 코칭에서 종종 마주치는 공통된 문제로 코칭 과정에서는 피코치의 성취 수준을 제한할 것이다.

1. 지연행동에 대한 이해: REBC의 관점

피코치가 지연행동을 한다는 것은 최선의 선택을 해야 하는 시점에 최선책에 해당하는 과제 수행을 미루는 것을 말한다. 최선책인지, 최선의 선택 시점인지 하는 것은 코치나 다른 이해관계자가 아닌 피코치 자신의 판단에 따른 것이다. REBC에서 지연행동은 'ABC' 양식 안에서 'C'의 회피행동으로 볼 수 있다(Dryden, 2000). 지연행동을 평가하기 어렵게 만드는 것은 피코치가 종종 그들에게 있어서 역경('A')이나 지연행동을 통한 회피로 인해 정서적 'C'와 마주치지 않을 수 있기 때문이다. 따라서 피코치의 지연행동을 평가하려고 할 때, 자신이 피하고 있는 것이 무엇인지, 실제로 피하고 있는 것과 마주친다면 'C'에서 느끼는 주요 정서가 무엇인지 모르는 경우가 꽤 많다.

1) 'A'를 구분하기

따라서 피코치의 지연행동 문제를 평가할 때, 코치는 피코치가 피하고 있는 'A'에 대한 직면을 상상하게 하고 이때 경험하게 될 주요 정서적 'C'를 예측하게 해야 한다.

이러한 접근법을 사용하면, 지연행동을 보이는 피코치가 'A'를 피하지 않고 마주하여 건강하지 못한 부정적 정서들을 온전히 경험하게 된다. 특히 이들은 대개 그동안 회피해 온 'A'를 마주했을 때, 불안, 우울, 건강하지 못한 분노, 수치심을 경험하게 된다. REBC 피코치가 건강하지 못한 정서를 식별할 수 있게 되면, 이러한 정서들은 특정 지연행동 사례에 나타나는 'A'의 추론적인 주제들을 보여 준다(6장 참조). 또는 코치가 그 구체적 사례에 나타난 추론적 주제를 발견하게 되면, 이 주제들은 피코치가 'A'를 피하지 않고 직면할 때 경험하는 건강하지 못한 부정적 정서를 시사한다(6장 참조).

2) 지연행동에서 태도의 역할

아마도 REBC의 주요 특징은 심리적 불편감 및 건강에 있어서 태도의 역할에 대한 관점일 것이다(Dryden, 2016). REBC는 피코치가 위협, 실패, 자유의 축소 또는 현저한 품위의 하락을 예상하기 때문에 지연행동을 하는 것이 아니라고 주장한다. 그보다 그들은 예상되는 'A'에 대해 경직되고 극단적인 태도를 가지고 있기 때문에 지연행동을 하게 된다.

그 결과, 지연행동을 하는 사람들은 일을 시작하기 전에 반드시 특정한 조건이 필요하다는 태도를 취하거나(예: '나는 일을 시작하기 전에 반드시 동기부여가 되어야 한다.' '나는 일을 시작하기 전에 반드시 해방감을 느껴야 한다.' '나는 일을 시작하기 전에 실패하지 않을 것이라고 알고 있어야 한다.') 특정 조건이 존재해서는 안 된다는 태도를 취한다(예: '일을 시작하기 전에 자신감이 부족한 상태여서는 안 된다.' '일을 시작하기 전에 의구심을 느껴서는 안 된다.').

특히 지연행동을 하는 사람들은 불편감 인내력 부족(discomfort intolerance)에 대한 철학을 고수하는 경향이 있으며(Harrington, 2005), 이는 크게 두 가지로 나타난다. 첫째, 그들은 특히 그들이 하고 싶지는 않지만, 자신에게 최선의 이익이 되는 과제와 관련된 불편감을 경험하는 것을 피하는 경향이 있다. 이때, 그들은 불편감을 경험해서는 안 된다거나 편안함만을 경험해야 한다고 요구한다. 둘째, 그들은 정서적 혼란을 경험하는 것을 참지 못하는 경향이 있어서(Dryden, 1999) 그러한 혼란을 경험하고 극복하기보다는 종종 지연행동을 통해 그 경험을 회피하게 된다. 그들이 이렇게 하는 것은 방해를 받아서는 안 된다거나 좋은 정서 상태만 경험해야 한다고 요구하기 때문이다.

다른 정서적 · 행동적 문제와 마찬가지로, 지연행동을 하는 사람은 자신의 행동에 집중하고, 그로 인해 방해를 받는 경향이 있다. 일반적으로 이것이 REBC 개입의 적절한 목표가 되는데, 코치는 다음 한 가지를 명심할 필요가 있다. 만약 이러한 이차적 문제를 먼저 해결하려 한다면, 그들은 무의식적으로 이차적 문제 처리를 선호함으로써 지연행동이 강화될 수 있다는 것이다.

2. 지연행동에 대한 코칭 전략: REBC 관점

1) 평가

REB 코치는 피코치의 다른 정서적 · 행동적 문제들을 다루는 것과 마찬가지로 지연행동을 다루려고 한다. 그들은 문제의 구체적인 사례에서부터 시작하게 된다. 그러나 앞에서 언급하였듯이, 지연행동에 대한 대처에서 문제시되는 것은 피코치가 'A'를 직면하지 못함으로써 'C'에서 정서적 혼란을 제대로 경험하지 못한다는 것이다. 따라서 코치는 지연행동의 구체적 사례를 들어 피코치가 그 일을 계속하는 것을 상상하여, 미루지 않았다면 어떤 정서를 경험했을지 예측하게 할 필요가 있다. 이를 통해 피코치의 'A'를 보다 정확하게 평가하게 된다.

'A'와 정서적 'C'를 평가하고 나면, 피코치의 'B'를 평가하는 것은 꽤 쉽다. REBC 이론은 경직된 태도와 하나 이상의 극단적인 태도가 지연행동을 유발한다고 보기 때문이다. 과제를 협의하기 전 내담자의 대안적 태도를 공식화하는 것은 매우 중요하다. 사람들은 태도

공백 속에서 살지 않기 때문에 그러한 대안이 없다면 결국 경직되고 극단적인 태도로 너무 쉽게 되돌아갈 것이기 때문이다.

2) 태도 변화

여기서 REBC 코치의 주요 전략은 일을 시작하기 전에 특정 조건을 필요로 하는 것이 타당하더라도 피코치가 바라는 바가 반드시 충족될 필요는 없으며, 이러한 조건이 충족되지 않더라도 일을 시작할 수 있음을 깨닫게 하는 것이다(예: '나는 일을 시작하기 전에 동기부여를 받고 싶다. 하지만 이건 필수적인 것이 아니다. 나는 그런 동기 부여 없이도 일을 시작할 수 있다.' '일을 시작하기 전에 해방감을 갖고 싶지만 이것이 꼭 필요한 것은 아니다. 나는 그런 느낌 없이도 일을 시작할 수 있다.' '일을 시작하기 전에 실패하지 않을 것이라는 것을 알고 싶지만, 이것은 필수적인 것이 아니다. 나는 그런 지식 없이도 그 일을 시작할 수 있다.'). 또한 일을 시작하기 전에 특정 조건의 부재를 원하는 것이 타당하더라도 이것이 반드시 충족될 필요가 없으며, 그런 조건이 충족되지 않더라도 일을 시작할 수 있음을 피코치가 깨닫게 할 수도 있다(예: '일을 시작하기 전에 자신감 부족을 느끼지 않았으면 좋겠지만, 내가 원하는 대로 꼭 되어야 할 필요는 없다. 나는 자신감이 부족한 상태에서도 일을 시작할 수 있다.' '일을 시작하기 전에 의심이 들지 않았으면 좋겠지만, 그런 의심에서 꼭 자유로울 필요는 없다. 의심을 가진 상태에서도 작업을 시작할 수 있다.').

3) 과제의 역할

다른 문제들을 다룰 때처럼, 피코치와 과제를 협의하는 것이 중요하다. 수행할 과제, 과제를 시작할 시간 및 필요한 경우 과제를 수행할 장소 등을 구체화하는 것이 이상적이다. 따라서 피코치가 오후 3시에 과제를 시작할 것이라고 코치와 협의한 후, 피코치가 오후 3시 1분까지 선택한 과제를 시작하지 않았을 때, 피코치가 지연행동을 하고 있음을 확인하게 된다.

결국 코치는 피코치가 보다 일반적인 경직되고 극단적인 핵심 신념을 확인하고 작업할 수 있도록 해야 한다. 그러나 이러한 일반적인 수준의 작업은 피코치가 유연하고 극단적이지 않은 구체적인 태도에 대한 진전을 보여, 지연행동보다 과제 수행으로 이어지기 전까지 진행해서는 안 된다(앞의 내용 참조). 지연행동을 보이는 사람들은 모호하고 추상적인 경향이 있으며(예: McCrae, Liberman, Trope, & Sherman, 2008) 보다 일반적인 수준으로 넘어가기 전, 문제의 구체적인 사례를 다루는 데 많은 도움을 필요로 한다(Dryden, 2009).

4) 합리화 및 정당화 다루기

지연행동 문제가 있는 사람은 실제로 지연행동을 하고 있더라도 하고 있지 않은 것처럼 스스로에게 또는 타인에게 부인하기 위해 많은 합리화 반응을 하는 경향이 있다. 시간이 지남에 따라 지연행동을 다루는 데 피코치가 전념하게 되면, 그러한 합리화 반응 목록을 확인하고 이에 건설적으로 대응할 수 있도록 하는 것이 중요하다.

지연행동 문제가 있는 사람은 또한 지연행동의 유용성을 스스로에게 설명하기 위한 일련의 정당화 반응을 한다(예: Neenan, 2008; Spada, Hiou, & Nikcevic, 2006). 일반적인 정당화는 다음과 같다. '나는 일을 시작하기 위해 불안을 느낄 필요가 있다. 그러므로 나는 그 일에 참여하기 전, 불안을 느낄 때까지 기다릴 것이다.' '창의적이 되기 위해서는 불안을 느껴야 하기 때문에 그 일에 참여하기 전, 불안을 느끼기를 기다릴 것이다.' 또는 '일을 시작하지 않더라도 나는 수행에 필요한 데이터를 수집하고 있다. 일을 시작하는 시간이 길어질수록 더 많은 데이터를 수집할 수 있어 더 잘 수행할 수 있을 것이다.' 합리화와 마찬가지로, 장기적으로 지연행동을 다루는 데 피코치가 전념하게 되면, 피코치가 그러한 정당화 반응 목록을 확인하고 이에 건설적으로 대응할 수 있도록 하는 것이 중요하다.

5) 기타 방법

피코치가 유연한 태도를 개발하고 합리화와 정당화에 효과적으로 대응하는 데 진전을 보이면, 코치는 그들의 지연행동 문제에 연관될 수 있는 다음 요소들을 해결하도록 돕는다.

- 업무에 기반한 목표를 설정하고 목표에 집중한다.
- 더 나은 자기 관리 훈련을 개발한다.
- 시간 관리 방법을 개선한다.

- 피코치에게 가장 적합하도록 작업 환경을 개선한다.
- 업무 수행 능력을 향상시킨다.
- 과제 행동을 강화한다.
- 지연행동을 되풀이하지 않고 작업 기간 단축 및 적절한 휴식시간을 갖는다.
- 무기력증에서 벗어나기 위해 운동과 좋은 식습관을 형성한다.
- 숙면을 취하여 업무 수행을 위해 상쾌한 상태를 유지한다.

그러나 이와 같은 유용한 연습들 중 어떤 것도 다음의 내용을 제외하고서는 피코치의 장기적 지연행동을 극복하는 데 도움이 되지 않을 것이다.

① 이미 논의한 대로 경직된 태도를 먼저 유연한 대안으로 바꾸기
② 그런 다음, 그들의 경직된 태도와 연계된 합리화와 정당화 반응 바꾸기, 여기에서 비롯된 지연행동 바꾸기

다음 4개의 장에서는 코치가 심리적 건강과 발달을 뒷받침하는 유연하고 극단적이지 않은 태도를 개발할 수 있도록 하는 방법에 초점을 맞출 것이다. 다음 장은 피코치가 유연한 사고방식을 갖도록 돕는 방법에 대해 논의할 것이다.

피코치의 유연한 마음가짐 개발하기 1: 태도의 유연성

이 장과 다음 장에서는 피코치가 어떻게 유연한 마음가짐을 기를 수 있는지 다룰 것이다. 이 장에서는 유연한 마음가짐의 핵심인 태도의 유연성에 초점을 맞추고, 다음 장에서는 그에 대한 또 다른 특징에 대해 논의할 것이다.

1. 태도의 유연성

앞서 논의한 바와 같이, REBC의 특징 중 하나는 심리적 건강과 발달의 기초로서 태도의 유연성을 강조하는 것이다. 이것은 피코치가 삶에서 특정 조건이 존재하거나 존재하지 않는 것을 선호한다는 것을 의미한다. 이러한 선호(preference)는 개인의 사적 영역[1]에서 조

1) 필자는 사적인 영역을 벡(Beck, 1976)이 소개한 용어로 정의했다. 이는 "가치 있다고 여기는 모든 개인적인 것을 담고 있는 심리적인 공간"을 의미한다(Dryden, 2011a: 25).

건들 간의 관계에 따라 약한 것부터 매우 강한 것까지 다양하게 나타난다. REB 코치는 피코치가 자신의 선호도와 강도의 차이가 있다는 것을 인정하도록 하고, 타당한 이유가 없는 한 이에 대한 의문을 갖지 않도록 한다. 코치는 피코치가 자신의 선호도를 경직되게 만들기보다는 유연하게 유지하도록 하는 데 주의를 기울이게 된다.

이 책에서는 태도의 개념에 대해 지속적으로 다루고 있고, 특히 경직된 태도(심리적 불편감의 근간으로 여겨지는)와 유연한 태도(심리적 건강의 근간으로 여겨지는)를 비교하고 있다. 피코치에게 다음의 공식을 사용하는 것이 도움이 된다.

- 선호 → 유연하게 유지한다 = 유연한 태도
- 선호 → 경직되게 만든다 = 경직된 태도

이러한 공식을 통해, 피코치의 선호는 두 가지 모두에 공통적임을 알 수 있다. 중요한 것은 선호를 유연하게 유지하도록 하는 것이다.

2. 선호를 유연하게 유지할 수 있는 방법

피코치가 유연한 태도를 개발하고 유지하기 위해서는 그들의 선호를 유연하게 유지하는 법을 배울 필요가 있다. 그 방법은 다음과 같다.

1) 유연한 태도의 본질 이해하기

유연한 태도는 선호 요소와 비(非)경직성 요소로 구성된다. 앞서 보았듯이, 선호는 피코치가 일어나기를 원하거나 일어나지 않기를 원하는 것을 나타낸다. 그 자체로는 유연하지도 경직되지도 않는다. 그러나 유연한 태도에는 경직성의 반대되는 요소가 존재한다. 이것은 자신이 선호하는 것이 반드시 충족될 필요가 없음을 의미한다. 따라서 선호를 유연하게 유지하는 첫 번째 단계는 유연한 태도의 두 가지 구성 요소를 이해하는 것이며, 유연성을 유지하는 핵심은 피코치가 비경직성 요소를 수용하고 개발하는 것이다.

2) 세상이 어떻게 작동하는지 이해하기

피코치는 세상이 그들의 선호를 충족해 줄 의무가 있는지 아닌지에 대해 자문해 볼 필요가 있다. 피코치가 어떤 자격을 갖고 있다 한들 이것은 분명 사실이 아니다. 세상은 피코치의 선호를 충족시킬 수 있지만 반드시 그렇지는 않다는 것을 받아들이는 것은 '입에 쓴 약의 법칙'을 수용하는 것이다(14장의 각주 2 참조).

3) 타당한지 이해하기

피코치에게 그들이 무언가를 원한다고 그것을 반드시 얻을 필요는 없다는 것이 타당한가 물으면 항상 그렇다고 대답하지만, 앞서 제시한 것, 즉 세상이 돌아가는 방식과 일치한다는 이유 이외의 것을 찾기 어렵다는 사실을 알게 된다. 이때, 다음과 같은 논리적인 주장이 사용될 수 있다.

- 선호는 사실에 대한 진술로서, 피코치가 갖고 있는 것이다. 다시 말해, 첫 번째 사실 명제이다.
- 비경직성 요소 또한 사실 명제이다. 즉, 자신의 선호가 반드시 충족될 필요가 없다는 사실에 대한 것이다. 이것이 두 번째 사실 명제이다.
- 이 두 가지는 논리적으로 연결되는 사실에 대한 것이므로, 두 번째 사실 명제는 논리적으로 첫 번째 사실 명제에서 이어진다. 따라서 나는 ○○를 원하는데, 그렇다고 내가 그것을 꼭 가질 필요는 없다고 결론짓는 것이 논리적이다.

또한 원하는 것이 있기 때문에(사실 명제), 그것을 가져야만 한다(당위 명제)는 결론은 논리적이지 않다. 논리적으로, 사실 명제로부터 당위 명제를 도출할 수 없다[흄(Hume)의 법칙]. 사실, 대부분의 피코치는 이 논리적인 주장을 이해하지만, 그로 인해 마음이 움직여 바뀌는 것은 아니다. 그들은 자신의 선호를 갖고 있기 때문에 선호하는 것이 반드시 충족될 필요는 없다고 결론을 내리는 것이 타당하다고 받아들이는 데 만족하는 것이다.

4) 그것이 당신에게 어떻게 작용하는가

이 질문은 미국의 심리학자이자 TV에 출연하는 유명인으로 토크쇼 〈닥터 필(Dr. Phil)〉의 진행자인 필(Phil) 박사의 캐치프레이즈이다. 이것은 코치가 피코치에게 경직된 태도와 유연한 태도 모두에 대해 질문하기에 적합하다. 대부분의 경우, 피코치는 그들의 목표를 달성하는 데 가장 도움이 되는 것은 유연한 태도이며, 태도의 비경직성 요소가 가능한 가장 건강한 방법으로 그들의 선호에 따라 행동할 수 있게 해 준다는 것을 깨닫게 된다.

5) 유연한 태도에 대한 의구심, 거리낌 또는 반대 의견을 식별하고 반응하기

당신이 20파운드짜리 지폐 뭉치를 갖고 길모퉁이에 서서 지나가는 사람들에게 한 장씩 나눠 주라는 지시를 받으면, 모두가 한 장씩 가져갈 거라고 생각하는가? 대답은 '아니요.'이다. 그렇다면 왜 사람들은 타인의 호의에 트집을 잡는가? 그들이 돈을 받지 않는 이유는 무엇일까? 여기에 몇 가지 가능한 이유가 있다. '이것은 사기이다.' '그것이 너무 좋아서 사실이 아닐 것 같으면, 아마도 사실이 아닐 것이다.' '내가 그것을 받으면 곤경에 처할 것이다.'와 같은 방식으로 피코치의 유연한 태도가 세상이 어떻게 작동하는지, 타당한지, 자신에게 어떻게 작용하는지 설명한다 하더라도, 여전히 사람들은 이를 받아들이지 않을 수 있다. 이러한 상황을 인지하고 피코치가 자신의 유연한 태도와 관련하여 가질 수 있는 의구심, 거리낌 또는 반대 의견(Doubts, Reservations and Objections: DRO)을 식별하고 이에 반응하도록 돕는 것이 코치의 일이다. 다음은 유연한 태도에 대한 공통된 피코치의 DRO와 이에 대한 코치의 반응이다.

- DRO: '나의 유연한 태도는 경직된 태도만큼 동기를 부여하지는 않을 것이다.'
  코치의 반응: 두 가지 태도의 동기 부여 측면은 당신의 선호도 구성 요소이기 때문에 둘 다 똑같이 동기 부여가 된다. 유연한 태도의 비경직성 요소는 경직된 태도의 경직성 요소로 인한 방해 효과에서 벗어나서, 당신의 동기에 따라 행동할 수 있게 해 줄 것이다.
- DRO: '나의 경직된 태도는 나에게 정말 중요한 것이 무엇인지를 알려 주지만, 유연한 태도는 그러지 않는다.'
  코치의 반응: 중요성의 수준을 설명하는 것은 두 가지 태도의 공통된 선호도 구성 요소이며, 두 태도 모두에서 동일한 강도를 가진다. 따라서 당신의 유연한 태도는 당신의 경직된 태도만큼이나 중요한 것을 알려 줄 수 있다.

3. 행동의 중요성

피코치가 역경에 직면하여 유연한 태도와 일치하는 방식으로 행동하지 않는다면, 이러한 태도는 뿌리내리지 않을 것이고, 행동, 사고, 정서에 영향을 미치지 못한 채 이론적으로만 존재할 것이다. 역경에 직면했을 때 태도-행동 일관성을 보이는 것은 안전을 추구하는 어떠한 기술 사용 없이 자주 시행되어야 한다. 안전 추구 기술을 사용하는 것은 유연한 태도의 발전 가능성을 감소시키기 때문이다. 요컨대, 태도 유연성의 발달은 어려움을 맞닥뜨렸을 때 반복되는 행동에 달려 있다.

다음 장에서는 피코치가 유연한 사고방식을 개발할 수 있도록 돕는 다른 방법에 대해 논할 것이다.

피코치의 유연한 마음가짐 개발하기 2: 기타

태도의 유연성을 향상시키기 위해 피코치를 돕는 방법은 유연한 마음가짐을 개발하도록 하는 핵심적인 부분이지만, 그렇다고 유일한 방법은 아니다. 이 장에서는 몇 가지 다른 방법을 제시하고 있다. 이를 논의하기에 앞서 피코치가 자신의 정서 문제들을 먼저 처리해야만 유연한 마음가짐을 개발하는 데 방해가 되지 않는다.

1. 균형을 유지하고 예상되는 행동 결과들을 인식하기

피코치가 그들의 삶에서 또는 코치와 함께하기로 합의한 코칭 작업의 일부로 어떤 행동을 하려고 할 때, 그에 따른 예상 가능한 결과를 고려해 보면 다음과 같다.

- 자신의 행동에 대한 긍정적인 결과를 낙관하고 예측한다.
- 자신의 행동에 대한 부정적인 결과를 비관적으로 예측한다.

- 균형 잡히고 현실적인 접근은 긍정적인 결과와 부정적인 결과를 함께 예측한다.

낙관적인 입장이 세 가지 중 가장 건강하다고 생각할 수도 있지만, 필자는 두 가지 이유로 현실적인 입장이 가장 건강하다고 본다. 첫째, 이 입장이 셋 중에서 가장 현실적이다. 일률적으로 긍정적인 결과를 낳거나 일률적으로 부정적인 결과를 낳는 피코치의 행동은 거의 없다. 오히려 피코치의 행동은 긍정적인 결과, 부정적인 결과, 중립적인 결과를 부분적으로 유발할 것이다. 둘째, 이 입장은 피코치가 예측한 부정적인 결과들 중 일부에 대응할 준비를 할 수 있는 기회를 준다. 만약 그들이 부정적인 결과만을 예측한다면, 그들은 이에 압도되어 아마도 역경을 다루는 것을 피할 것이다.

이러한 균형 잡힌 현실적 접근 방식은 또한 REB 코치가 피코치에게 '상황적 ABCDEF' 양식의 'A'에서 추론한 역경이 사실일 수 있기 때문에 일시적으로 사실로 가정하도록 하는 이유를 제공해 준다(18장 참조).

2. 다른 관점에서 바라보기

뒤로 물러서서 다른 관점에서 바라볼 수 있다는 것은 피코치가 유연한 마음가짐을 가지고 있다는 좋은 신호이다.

1) 다양한 이해관계자의 관점에서 바라보기

피코치가 다른 사람들의 관점을 볼 수 없거나 다른 사람이 자신과 같은 관점에서 상황을 보아야 한다고 생각하는 것은 곧 고정된 마음가짐의 신호이다. 그들이 다른 관계자들의 입장에서 생각하도록 하는 것이 핵심이고, 이는 피코치에게 "당신이 아는 바로는, 그 사람이 이 상황을 어떻게 보았다고 생각하나요?"와 같은 질문을 던져 해 보게 함으로써 가능하다.

2) 다양한 시간적 관점에서 바라보기

어떤 피코치는 그들의 삶에 대해 장기적인 관점을 취하는 반면, 단기적인 관점을 취하는 경우도 있다. 이 두 가지 관점 모두 장단점을 갖고 있다. 즉, 삶에 대한 단기적인 관점만을 갖는다면 단기적인 즐거움을 많이 얻게 되지만, 장기적인 관점에 전념했을 때 가능한 장기적으로 의미 있는 목표를 추구한다는 감각이 부족할 수 있다. 또한 장기적인 관점만 취하는 것은 그 사람이 중요한 장기적인 목표를 위해 노력하지만, 삶에서 즐거움을 거의 얻지 못한다는 것을 의미한다. 따라서 피코치가 삶에 대해 단기적인 관점과 장기적인 관점을 모두 취할 때 두 가지의 장점을 모두 가질 수 있다. 피코치가 이러한 두 가지 시간적 관점을 수용할 수 있도록 적극적인 도움이 필요하다.

3. 예외 사항을 염두에 두기

필자는 유연한 마음가짐의 특징 중 하나가 예외를 찾아 이를 통합하여 사고하는 능력이라고 본다. 이는 코칭에 대한 해결방안 접근 방식의 중요한 부분이다(예: Iveson et al., 2012). 피코치가 자신의 문제를 인식하면, 이 문제가 과거에 발생했던 상황에서 계속 발생할 것이라는 생각이 그들의 관점에 쉽게 못박히게 된다. 그러나 피코치에게 문제가 발생할 것으로 예상되는 상황에서 문제가 발생하지 않은 경우를 구분하게 함으로써 문제에 대한 예외 상황을 만들어 낼 수 있다. 그런 다음 이러한 예외 상황을 탐색함으로써 피코치가 문제가 아닌 대응에 필요한 요인들을 파악하게 된다. 이러한 요인들은 그 문제에 대한 해결방안으로 이어질 수 있다.

4. 관점과 참여를 다각화하기

다원주의는 모든 형태의 다양성에 대해 적극적인 참여를 하는 것으로, 다양성 자체가 아니다(Eck, 2006). 이는 같은 범주에 속하는 사람들 간에도 서로 다르고, 개인 내에도 다양성이 존재한다는 것을 인식하는 능력에 따라 차이가 있다. 피코치는 다른 시점에 동일한 상황에서도 다르게 반응할 수 있다. 따라서 마음가짐이 유연한 피코치는 대인관계 다양성과 개인 내적 다양성에 모두 관여할 수 있다. 이를 통해 피코치는 자신과 타인에 대해 단순하기보다는 복합적인 구성 개념을 갖고 이해하고 이를 유지할 수 있게 된다. 코치가 피코치의 다원주의를 촉진할 수 있는 한 가지 방법은 평소에 교류하지 않는 사람들과 보통 접하지 않는 낯선 상황들을 찾아보도록 하는 것이다. 이는 피코치 다원주의가 이론적이 아니라 경험적인 것에 기반하도록 한다.

피코치가 다원적인 시각을 갖도록 돕는 또 다른 방법은 '둘 중 하나'가 아닌 '둘 다'의 사고를 하도록 하는 것이다. 이는 피코치가 세상을 단순하고 별개의 범주로 보지 않고, 복잡한 세상에 대한 유연한 시각을 갖도록 촉진한다.

5. 불확실성에 대해 유연하게 대처하기

어떤 사건(예: 건강 문제의 진단)에 대해 확신할 때, 방금 전 진단을 받았기 때문에 뭔가 잘못되었다는 것을 알거나 아무 일이 없다는 것을 안다. 같은 사건에 대해 확신하지 못할 때(즉, 아직 진단을 받지 못했을 때), 무엇이 잘못되었는지 아니면 문제가 없는지 알지 못한다. 이 상황에서 피코치가 불확실성에 대해 유연하다는 것은, 무언가 잘못되었을 수도 있고 아무 일이 없을 수도 있다는 생각을 동일하게 가질 수 있는 것이고, 그 결과 불확실성을 감내하게 된다.[1]

1) 반대로, 만약 개인이 불확실성을 감내할 수 있다면 그렇게 하는 것이 그 두 가지 입장을 유지하는 데 도움이 된다.

불확실성에 대해 유연하지 않다면, 불확실성을 부정적인 결과와 연관시키는 경향이 있다. 이 경우, 불확실성에 직면하면 그들에게 뭔가 문제가 있다고 생각할 것이다.

요컨대, 불확실성은 그 사람이 원하는 정보를 얻기 위해 행동을 취하는 동안 감내하고 유연하게 대처해야 하는 일종의 역경이다.

6. 유연한 마음가짐과 적응력 간 상호 영향을 통한 혜택

환경의 변화에 건설적으로 반응할 수 있는 피코치의 능력은 유연한 마음가짐에 의해 향상되고 동시에 마음가짐이 역량을 향상시킨다. 앞서 보았듯이, REBC에서 인지와 행동은 상호 의존적인 과정이다. 이것은 특히 정서적 문제를 다루는 맥락에서, 먼저 유연한 태도를 개발하도록 함으로써 행동상의 적응력을 개선할 수 있다는 것을 의미한다. 한편, 행동 적응력을 발달시키는 것이 또한 유연한 사고방식을 성장시키는 데 도움이 되기 때문에 코치는 이러한 방식으로 도움을 줄 수도 있다.

다음 장에서는 REB 코치가 피코치의 비파국적 태도를 개발하고 유지하는 데 어떻게 도움을 줄 수 있는지에 대해 다룰 것이다.

비파국적 관점 개발하기

앞서 보았듯이, REBC 이론은 심리적 건강과 발달이 일련의 유연하고 극단적이지 않은 태도에서 기인한다고 주장한다. REBC의 또 다른 특징은 이러한 극단적이지 않은 태도가 태도 유연성에 의해 뒷받침된다는 것이다. 따라서 피코치가 비(非)파국적(non-awfulising) 관점을 개발하는 데 도움을 주는 방법을 이야기할 때, 이미 코치는 피코치가 이러한 태도 유연성을 개발하도록 도움을 주었다고도 볼 수 있다.[1]

1. 비파국적 관점

피코치가 원하는 것이 충족되지 못했을 때, 이것은 그에게 중요한 문제이기 때문에, 부정적인 평가를 정당화할 만한 부정적인 경험이

---

1) REBC에서는 일반적으로 피코치는 유연한 태도를 개발한 후 비파국적 관점을 개발하게 되지만, 이 순서는 반대로 바뀔 수도 있다.

었을 것이다. 피코치는 그들이 선호하는 것이 충족되지 않았을 때, 이를 긍정적 혹은 중립적으로 바라보기 어려울 것이다. 필자는 이 부정적인 평가를 '불쾌함에 대한 평가'라고 부른다. 피코치가 자신이 선호하는 것을 선택하고 이를 유연하게 유지하거나 또는 경직된 상태로 만드는 것처럼, 불쾌함에 대한 평가를 내리고 여기에 파국적 요소를 추가할지 여부도 선택할 수도 있다.

2. 비파국적 관점을 유지하는 방법

피코치가 비파국적 태도를 개발하고 유지하려면, 파국화에서 벗어나서 불쾌함에 대한 평가를 극단적이지 않게 하는 법을 배우는 것이 중요하다. 그 방법은 다음과 같다.

1) 비파국적 태도의 본질 이해하기

비파국적 태도는 두 가지 요소로 구성된다. 즉, '불쾌함의 표출'과 '비파국화'이다. '불쾌함의 표출' 요소는 피코치가 선호하는 것이 충족되지 못하면 불쾌하다는 평가적 사고를 설명한다. 이 경우 피코치는 1%에서 99.99%에 이르는 불쾌함의 연속적 평정척도를 활용해 볼 수 있다. 일반적으로 피코치의 충족되지 않은 선호가 강할수록, 이 불쾌함 척도에서의 평가가 더 나쁠 것이다. '비파국화' 요소는 피코치가 선호하는 것을 충족하지 못하더라도, 그것이 불쾌하지만 끔찍하거나 파국적이거나 세상의 종말은 아님을 의미한다. 이런 방식으로 '파국화'의 개념이 명확하게 무효화될 수 있다.

많은 경우, 비파국적 태도와 파국적 태도 간 차이를 인식할 수 있도록 피코치들에게 이 공식들을 적용하는 것이 유용하다.

- 미충족된 선호에 대한 불쾌함 표출 → 파국화의 무효화 = 비극단적, 비파국적 태도
- 미충족된 선호에 대한 불쾌함 표출 → 파국화의 표출 = 극단적, 파국적 태도

2) 세상이 어떻게 작동하는지 이해하기

100% 불쾌함 또는 그보다 더 불쾌한[2] 사건이 발생하는 세상에 살고 있는지, 아니면 1~99.99%의 불쾌함의 연속선상의 사건들이 현실적으로 발생할 가능성이 더 많은지, 그래서 후자가 세상이 돌아가는 방식과 더 일치하는지에 대해 피코치 스스로 자문해 보는 것이 중요하다. 다음의 내용 또한 사실이다. ① 상황은 항상 더 나쁠 수 있다.[3] ② 좋은 일은 불쾌한 사건에서 비롯될 수 있다. ③ 문제시 되는 사건을 초월할 수도 있다. 이러한 사실들은 아무리 피코치의 미

---

2) 파국적 태도를 갖게 되면, 다음과 같이 생각할 수 있다. ① 더 이상 나쁠 수 없다. ② 문제의 사건은 100% 이상으로 나쁘다. ③ 이 나쁜 사건으로부터 어떤 좋은 점도 발생하지 않을 것이며, 완전히 나쁘다. ④ 이 사건은 극복될 수 없다(Dryden, 2016: 42). 앨버트 엘리스(Albert Ellis, 1994)는 또한 이러한 파국적 태도가 문제의 사건이 절대 이렇게 나빠서는 안 됐다는 경직된 요구로부터 비롯된다고 덧붙였다.

3) 스모키 로빈슨(Smokey Robinson)은 그의 어머니가 자주 이렇게 말했다고 주장했다. "아들아, 태어난 날부터 죽을 때까지 더 나빠질 수 없는 상황은 없어."

충족된 선호도가 강하다고 해도 받아들여질 수 있지만, 미충족된 선호도가 강할수록 파국적 태도를 자제하는 것은 더욱 어렵다.

3) 타당한지 이해하기

피코치에게 그들의 선호가 충족되지 않았기 때문에 나쁘다고 결론지어도 그것이 끔찍하지는 않다고 받아들이는 일이 타당한지 질문하면, 피코치는 언제나 "네."라고 대답한다. 그러나 그들은 이러한 이유와 다른 이유, 즉 그것이 세상이 작동하는 방식과 일치한다는 것을 떠올리는 데 어려움을 겪을 수 있다. 이때, 다음과 같은 논리적인 주장이 사용될 수 있다.

- '불쾌함 표출' 요소는 1~99.99%의 척도상에 위치할 수 있기 때문에 극단적이지 않다. '비파국화' 요소 또한 극단적인 상태를 명시적으로 부인하는 것이므로 극단적이지 않다. 따라서 우리는 비파국적 태도가 비극단적인 것으로부터 그 근거를 도출하려고 하기 때문에 논리적이라고 말할 수 있다.

대부분의 피코치들은 이 논리적인 주장을 이해하지만, 그로 인해 마음이 움직여 바뀌는 것은 아니다. 그들은 그중 무언가가 잘못되었기 때문에 그것 전체가 끔찍한 건 아니라고 결론짓는 것이 타당하다는 것을 기꺼이 받아들인다.

4) 그것은 당신에게 어떻게 작용하는가

파국적 태도와 비파국적 태도를 모두 고려하여 필(Phil) 박사의 질문을 자문해 보면, 대부분의 경우 피코치는 그들의 목표를 달성하는 데 가장 도움이 되는 것은 비파국적 태도이며, 태도의 비파국적 요소가 가능한 가장 건강한 방법으로 그들의 삶을 움직이게 한다는 것을 깨닫게 된다.

3. 비파국적 태도에 대한 의구심, 거리낌 또는 반대 의견을 식별하고 반응하기

다음은 비파국적 태도에 대한 피코치의 공통된 의구심, 거리낌 또는 반대 의견(DRO)과 그에 대한 코치의 반응이다.

- DRO: '나의 파국적 태도는 나에게 일어난 일이 매우 나쁘다는 것을 보여 주는 반면, 비파국적 태도는 그것을 가볍게 여기도록 한다. 그러므로 만약 내가 파국적 태도를 포기하고 비파국 대안을 선호한다면, 나는 내 삶에서 부정적인 것들을 가볍게 보게 될 것이다.'
  코치의 반응: 두 가지 태도 모두 '그 사건이 발생한 것은 매우 불쾌하다.'라는 부정적 평가를 포함하고 있으므로, 두 가지 모두 해당 사건을 가볍게 여기도록 하지 않는다.
- DRO: '나의 파국적 태도는 위협으로부터 나를 분명하게 보호해

주지만, 나의 비파국적 태도는 나를 불필요하게 위협에 노출시킨다.'

코치의 반응: 위협에 대처하는 가장 건강한 방법은 위협에 직면하고 적절히 정보 처리하여 건설적으로 대응하는 것이다. 그러나 파국적 태도는 이를 불가능하게 만든다. 그래서 보호받는다고 하더라도 그것은 건강한 보호가 아니다. 비파국적 태도는 '직면–정보처리–대응'에 도움이 되는 한편, '불필요한' 노출이라기보다는 당신이 선택한 시기에 건강하고 준비된 노출이라고 볼 수 있다.

4. 행동의 중요성

유연한 태도와 마찬가지로, 비파국적 태도를 내재화하는 유일한 방법은 완전한 형태로든 짧은 형태로든(예: 어려움이 현존하는 상황에서) 비파국적 태도를 연습하는 한편, 어려움에 직면하는 원칙을 반복적으로 실행하는 데 전념하는 것이다. 요약하자면, 비파국적 관점을 발전시키는 것은 역경에 직면하여 반복되는 행동에 달려 있다.

다음 장에서는 REB 코치가 피코치의 불편감을 견디는 태도를 개발하고 유지하는 데 어떻게 도움을 줄 수 있는지에 대해 다룰 것이다.

불편감 인내력 증진하기

피코치가 불편감을 견딜 수 있는 것은 여러 면에서 매우 중요하다. 코칭 목표를 달성하고 달성한 성과를 유지하기 위해 이러한 인내력 개발이 필요하다. 한편, 피코치가 자기 자신, 일, 관계, 삶의 다른 측면들로부터 최대한 많은 것을 얻으려고 노력하면서 불편감을 견뎌야 하는 많은 상황을 경험하기 때문에 그것은 핵심적인 삶의 기술이기도 하다. 다른 비극단적 태도와 마찬가지로, REBC 이론은 불편감에 대한 유연한 태도를 발달시켰을 때 불편감을 인내하려는 태도 또한 발전한다고 본다.

1. 불편감 인내력

피코치가 선호하는 것이 충족되지 않을 때, 그들은 불편감을 경험하게 된다. 피코치는 자신의 선호를 받아들이고 유연하게 유지하거나 경직되게 만드는 것 중 하나를 선택하는 것처럼, 불편감을 받아들여 견딜 것인지 아닌지를 선택하게 된다. 견디기로 선택했을 때 그들은 더 큰 불편감을 견디기 위한 과정을 시작하게 된다.

2. 불편감에 대한 투쟁을 견디는 방법

피코치가 불편감을 견디는 태도를 개발 및 유지하기 위해서는 불편감과의 투쟁을 견디는 방법부터 배워야 한다. 그 방법은 다음과 같다.

1) 불편감을 견디는 태도의 본질 이해하기

불편감을 견디는 태도는 다음과 같은 다섯 가지 구성 요소로 구성된다.

- '인내의 어려움 표출' 요소: 피코치가 자신의 선호가 충족되지 못하는 불편감을 견디는 것이 어렵다는 점을 보여 준다.
- '인내력의 표출' 요소: 피코치의 선호를 충족시키지 못하는 불편감을 견디는 것이 힘든 일이지만 그렇게 할 수 있다는 것을 인정한다.
- '인내할 만한 가치' 요소: 피코치의 선호가 충족되지 못하는 불편감을 견디는 것은 그럴 만한 가치가 있다는 점을 설명한다.
- '인내하려는 의지' 요소: 피코치가 불편감을 견디려는 의지를 나타낸다. 피코치가 ① 불쾌함을 견디는 것이 어렵지만, ② 그렇

게 할 수 있고, ③ 그렇게 하는 것이 자신의 이익에 부합한다는 것을 인정하지만, 견딜 의지가 있다고 보지 않으면 견디지 않겠다고 판단할 수도 있다. 따라서 코치는 피코치가 이러한 결정을 내릴 수 있도록 격려해야 한다.

- '인내하겠다는' 전념 행동 요소: '인내할 의지'가 포함되는 것도 중요하지만, 피코치가 이를 실천으로 옮기기 위해 추가해야 할 요소가 하나 더 있다. 이것은 자신의 의지에 따라 행동하기로 전념하겠다는 것을 말한다. 필자의 관점에서, 이것은 '금상첨화'적 요소로, 앞선 네 가지 요소를 기초로 하여, 앞에서는 누락된 행동 결정 요소를 더하는 것이다.

불편감을 견디려는 태도와 견디지 않으려는 태도를 구별하기 위해, 피코치에게 이러한 공식을 사용하도록 하는 것이 유용하다.

- 인내의 어려움 표출 → 인내력의 표출 → 인내할 만한 가치 → 인내하려는 의지 → 인내하겠다는 전념 행동 = 비극단적이고 불편감을 견디려는 태도
- 인내의 어려움 표출 → 인내력 부족의 표출 = 극단적이고 불편감을 견디지 못하는 태도

2) 세상이 어떻게 작동하는지 이해하기

피코치는 불편감을 견딜 수 있는 세상에 살고 있는지 아니면 견딜 수 없는 세상에 살고 있는지 자문해 볼 필요가 있다. 다음의 진술문

이 모두 사실인지 확인해 보는 것이 도움이 될 수 있다.

- '내가 선호하는 것이 충족되지 않으면 견디기 어렵다.'
- '하지만 난 견딜 수 있어.'
- '그리고 그렇게 견디는 것은 가치 있다.'
- '나는 기꺼이 견뎌 낼 의지가 있다.'
- '난 견뎌 낼 거야.'

3) 타당한지 이해하기

불편감을 견디는 태도에 대해 다섯 가지 나열된 진술문은 보다시피 극단적이지 않다. 각각의 비극단적 요소가 선행하는 비극단적인 요소로부터 논리적으로 파생되었기 때문에 결과적으로 불편감 인내 태도는 논리적이라고 볼 수 있다. 피코치가 이를 깨닫게 함으로써 설득할 수 있다.

4) 그것은 당신에게 어떻게 작용하는가

불편감을 견디지 않으려는 태도와 견디려는 태도 둘 다를 고려하여, 다시 한번 필(Phil) 박사의 질문을 스스로에게 던지게 되면, 피코치는 불편감을 인내하려는 태도가 대부분 목표 달성에 도움이 되고, 특히 마지막 두 가지 요소가 가능한 한 가장 건강한 방식으로 삶을 이끌어 가게 만드는 것임을 깨닫게 될 것이다.

3. 불편감을 견디는 태도에 대한 의구심, 거리낌 또는 반대 의견을 식별하고 반응하기

다음은 불편감을 견디려는 태도에 대한 피코치의 공통된 의구심, 거리낌 또는 반대 의견(DRO)과 그에 대한 코치의 반응이다.

- DRO: '만약 내가 불편감 인내 태도를 받아들인다면, 어려움을 견디겠다는 뜻이다. 불편감을 참지 않으려는 태도는 이 상황을 견디는 것을 포기하게 만든다.'
  코치의 반응: '참는다는 것'은 어려운 상황을 바꾸기 위해 아무것도 하지 않는다는 것이다. 이것은 불편감 인내 태도의 목적이 아니다. 그것의 목적은 어려움을 마주하고 바꿀 수 있다면 그것을 바꾸고, 바꿀 수 없다면 그것에 건설적으로 적응하도록 돕는 것이다. 어려움을 회피하기 위해 불편감을 인내하지 않으려는 태도에 반응하게 되는데, 이는 어려운 상황을 변화시키거나 건설적으로 그것에 적응하는 것 중 어떤 것도 못한다는 것을 의미한다. 그러한 태도는 문제를 유지하는 결과만 초래할 뿐이다.
- DRO: '불편감을 인내하지 않으려는 태도는 정서적 고통을 회피하는 데 도움이 될 것이고, 인내하려는 태도는 나를 더 많은 정서적 고통에 노출시킬 것이다. 그러므로 나는 불편감 인내 태도를 취하는 것을 꺼린다.'
  코치의 반응: 불편감을 인내하지 않으려는 태도는 사람이 무의

식적으로 문제를 유지하게 되는 주요한 이유 중 하나라는 것이 입증되었다. 고통스러운 정서는 해결해야 할 문제가 있다는 것을 알려 준다. 불편감 인내 태도를 기르는 것은 이를 해결할 수 있게 해 준다. 불편감을 인내하지 않으려는 태도는 정서적 고통을 회피할 수 있도록 하지만, 이것은 문제를 유지하는 결과를 가져온다. 고통을 피하는 것은 당신이 정서적 고통으로 드러나는 문제를 다룰 수 없다는 것을 의미한다. 게다가 정서적 고통에 대한 인내력의 부족은 회피하지 못할 때에는 결국 이 고통의 강도를 증가시키는 결과를 초래할 것이다.

4. 행동의 중요성

유연한 태도, 비파국적 태도와 마찬가지로, 불편감 인내 태도를 내재화하는 유일한 방법은 완전한 형태로든 축약된 형태로든(예: 어려움이 현존하는 상황에서) 이를 연습하는 한편, 어려움에 직면하는 데 전념하는 것이다. 요약하자면, 불편감 인내 태도를 발전시키는 것은 불편감에 직면했을 때의 행동에 달려 있다.

다음 장에서는 REB 코치가 피코치의 무조건적 자기, 타인, 삶에 대한 수용도를 발전시키고 유지하는 데 어떻게 도움을 줄 수 있는지에 대해 다룰 것이다.

무조건적 수용을 확대 · 개발하기

자신과 타인, 삶을 무조건으로 받아들이는 능력은 피코치에게 광범위한 긍정적인 효과를 가져올 것이다. 이것은 그들이 그들 자신과 다른 사람들과 평화롭게 살 수 있게 해 주고 삶의 갈등을 완화시켜 줄 것이다. 물론, 무조건적 수용은 피코치가 자신의 코칭 목표, 특히 자신, 타인 또는 삶의 가치 저하와 관련된 문제가 있을 때 코칭 목표를 달성하는 데 도움이 될 것이다. 다른 비극단적 태도와 마찬가지로, REBC 이론에서는 사람들이 자기, 타인 또는 삶과 관련된 역경에 대한 유연한 태도를 개발할 때 무조건적인 수용 태도 또한 더 빛을 발할 것이라고 본다.

1. 무조건적 수용

피코치가 선호하는 점이 있고 이 선호도가 충족되지 않는 경우, 그들은 이 상황에 책임이 있는 대상에 대해 가정할 것이다. 피코치가 자신의 선호를 받아들여 유연하게 유지하거나 경직시킬 수 있는 선택권을 갖는 것처럼, 그들은 자신이나 타인 또는 삶에 집중할 수 있으며, 그들은 그 대상이나 삶을 무조건적으로 받아들이거나 또는 평가절하할 수 있는 선택권 또한 갖고 있다. 만약 그들이 전자의 선택을 한다면, 그들은 무조건적 수용을 확대 발전하는 방향으로 나아갈 수 있을 것이다.

2. 자기/타인/삶에 대한 태도를 무조건적으로 수용할 수 있는 방법

피코치가 무조건적인 수용의 태도를 개발하고 유지하기 위해 코치는 다음과 같은 행동을 해야 한다.

1) 무조건적 수용 태도의 본질을 이해하기

무조건적 수용 태도는 세 가지 요소로 구성된다.

① '측면 평가' 요소: 개인의 특정 측면이나 그에게 일어난 일을 평가하는 것이 가능하고 현실적이라고 본다.

② '평가절하의 부인' 요소: 반드시 피코치의 선호가 충족되어야 한다고 주장하지 않는 한편, 선호가 충족되지 않더라도 그로 인해 개인이나 삶의 조건을 전체적으로 평가하는 것은 불가능하다는 생각을 전제로 한다.

③ '수용의 표현' 요소: 피코치의 선호가 충족되지 못하고 선호도가 반드시 충족되어야 한다고 요구하지 않을 때, 이것이 사람들의 오류 가능성과 주어진 삶의 복잡성에 영향을 미치지 않는다는 생각을 제시한다.

무조건적 수용 태도와 평가절하 태도를 비교하기 위해, 피코치에게 이러한 공식을 사용하도록 하는 것이 유용하다.

- 자기/타인/삶의 측면에 대한 집중과 평가 ➞ 자기/타인/삶의 평가절하의 부인 ➞ 자기/타인/삶의 수용의 표현 = 자기/타인/삶의 태도에 대한 비극단적, 무조건적 수용
- 자기/타인/삶의 측면에 대한 집중과 평가 ➞ 자기/타인/삶의 평가절하의 표현 = 자기/타인/삶의 태도에 대한 극단적, 평가절하의 표현

2) 세상이 어떻게 작동하는지 이해하기

코치는 한 개인이나 삶을 완전히 설명해 줄 수 있는 총체적인 부정(혹은 긍정) 평가를 타당하게 받을 수 있는 세상에 살고 있는지 스스로에게 물어볼 필요가 있다. 코치는 피코치가 이에 대한 대답이 '아니요.'라는 것을 알아차릴 수 있도록 해야 한다.

또한 피코치는 앞의 무조건적 수용 태도의 세 가지 구성 요소가 사실임을 알게 됨으로써 무조건적 수용의 태도가 현실과 일치함을 알 수 있다.

3) 타당한지 이해하기

앞서 나열된 무조건적 수용 태도의 세 가지 구성 요소는 모두 극단적이지 않다. 그러므로 그 태도가 논리적이라고 말할 수 있다. 각각의 비극단적인 요소는 선행하는 비극단적 요소로부터 논리적으로 도출되기 때문이다. 피코치가 이것을 이해하게 되면, 이를 받아들일 수 있을 것이다.

4) 그것은 당신에게 어떻게 작용하는가

평가절하적 태도와 무조건적 수용 태도를 모두 고려하여 여기서 다시 한번 필(Phil) 박사의 질문을 자문해 보면, 대부분의 경우 피코치는 무조건적 수용 태도가 그들의 목표를 달성하는 데 도움이 된다는 것을 알게 될 것이다. 특히 이 태도의 마지막 요소인 수용의 표현은 피코치가 가능한 한 가장 건강한 방법으로 그들의 삶을 나아갈 수 있도록 한다는 것을 깨닫게 된다.

3. 무조건적 수용 태도에 대한 의구심, 거리낌 또는 반대 의견을 식별하고 반응하기

다음은 무조건적 수용 태도에 대한 공통된 피코치의 의구심, 거리낌 또는 반대 의견(DRO)과 이에 대한 코치의 반응이다.

- DRO: '무조건적인 자기 수용은 내가 행복하지 않은 나의 일부를 바꿀 필요가 없다는 것을 의미한다. 반면, 자기비하는 내가 변화하도록 동기를 부여한다. 따라서 무조건적인 자기 수용 태도를 취하는 것은 개인적 변화를 저해하는 반면, 자기 평가절하의 태도를 유지하는 것은 그러한 변화를 촉진한다.'

  코치의 반응: 자기에 대한 무조건적 수용을 통해, 당신은 스스로에 대해 좋아하지 않는 측면에 집중하게 된다. 이러한 태도는 자기비하로 인한 영향과 무관하게, 이러한 측면을 바꾸는 데 집중하게 할 것이다. 왜냐하면 자기 평가절하의 태도는 정서적 불편감을 유발하여 결국 회피나 부정으로 이어져서 당신이 변화하는 데 어떤 도움도 되지 않을 것이기 때문이다.

- DRO: '무조건적인 타인 수용 태도를 취한다는 것은 내가 다른 사람의 나쁜 행동을 용인한다는 것을 의미한다. 그 사람을 평가절하하는 것은 내가 그들의 행동을 용납하지 않는다는 것을 보여 줄 것이다.'

  코치의 반응: 무조건적인 타인 수용 태도와 타인 평가절하의 태도 모두 상대방이 나쁜 행동을 했다는 것을 인식하면서도 그 행동을 용인한다는 것을 의미하지는 않는다. 따라서 무조건적인 타인 수용 태도의 경우, 당신은 그 사람을 받아들이면서 그의 행동을 용납하지 않는 것이고, 타인 평가절하 태도의 경우에는 그 사람뿐만 아니라 그 사람의 행동도 비하하는 것이다. 따라서 첫 번째 태도가 두 번째 태도보다 관련된 모든 사람에게 더 건강하다고 볼 수 있다.

4. 행동의 중요성

이미 논의된 유연하고 비극단적인 태도와 마찬가지로, 무조건적 수용의 태도를 내재화하는 유일한 방법은 피코치가 이 태도를 완전한 형태 또는 축약된 형태(예: 역경이 닥쳤을 때)로 반복적으로 연습함으로써 진심을 다해 자기, 타인, 삶의 부정적 측면을 직면하는 것이다.

요약하자면, 무조건적 수용 태도의 개발은 역경에 직면했을 때의 행동에 달려 있다.

다음 장에서는 REB 코치가 코칭 과정에서 피코치의 학습 내용을 일반화하고 셀프 코치가 될 수 있도록 어떻게 도울 수 있는가에 대해 다룰 것이다.

학습 내용의 일반화 및 셀프 코치 되기

1. 학습 내용 일반화하기

피코치가 발달 기반 목적 또는 문제 기반 목표를 잘 달성해 가고 있다면, REB 코치는 피코치 스스로 개발하고자 하거나 문제가 있는 삶의 다른 영역으로 학습 내용을 일반화하도록 권장하는 것이 중요하다.

코치는 다음과 같은 방식으로 도울 수 있다.

- 피코치가 발달-기반 목적 또는 문제-기반 목표를 추구하면서 배운 내용을 가능한 한 구체적으로 표현할 수 있도록 하기
- 피코치들이 발달-기반 목적 또는 문제-기반 목표를 향해 노력하면서 배운 것을 실천함으로써 이익을 얻을 수 있는 다른 분야를 직접 찾아보도록 하기
- 한 번에 한 영역을 선택하여 피코치가 학습 내용을 구현할 수 있는 상황을 구체적으로 명시할 수 있도록 정하게 하기

- 이러한 내용을 바탕으로 과제를 협의하기. 피코치가 무엇을 어디에서 언제 할 것인지 명시할 수 있는지 확인하기
- 다음 회기에서 피코치의 과제를 반드시 검토하기
- 피코치가 학습 과정을 일반화하는 데 책임을 강화할 수 있도록 하기. 피코치가 최소한의 코칭 투입만으로 스스로 과제를 정할 수 있도록 하기

2. 셀프 코치 되기

REBC의 초기 단계에서 코치는 피코치가 자신의 코칭 목표를 구분하도록 돕고 코칭 요구에 가장 적합한 관련 양식을 학습하는 데 있어 매우 적극적인 지시를 한다(예: 자신이 도움을 추구하는 정서 문제가 있는 경우, '상황적 ABCDEF' 양식을 사용하는 방법 학습). 코칭이 진행됨에 따라, 코치는 피코치가 발달-기반 목적 또는 문제-기반 목표를 추구할 때 관련 양식 및 자료를 사용하는 것에 대한 보다 많은 책임을 갖도록 하는 것이 바람직하다.

코치는 피코치와 특정 코칭 문제를 처음 논의할 때 적극적이고 지시적인 태도를 취하되, 피코치 스스로 노력하고 참여하도록 촉진하기 위해 활동 수준을 점진적으로 낮추는 것이 좋다. 코치의 최종 계획은 피코치의 상황에 관련된 양식을 내재화하도록 하는 것이다. 예를 들어, 정서적 문제-초점적 REBC(EPF-REBC)에서 코치는 피코치가 문제가 되는 정서와 행동을 식별하고, 이를 특정한 어려움과 관

련시켜 그에 연관된 경직되고 극단적인 태도를 식별하도록 한다. 피코치는 자신만의 변증법적인 탐색 과정을 통해 경직되고 극단적인 태도와 유연하고 극단적이지 않은 태도를 살펴보게 된다. 코치는 보다 일반적인(또는 핵심적인) 경직된 태도와 극단적인 태도를 식별하고 변증법적으로 검토할 목적으로, 피코치가 문제 영역 간의 연관성을 찾도록 유도하는 것이 중요하다.

코치는 코칭 중간 단계에서 대부분의 코칭 작업 수행을 촉진하는 수단으로서 사용되는 소크라테스식 질문 기법을 점점 더 많이 활용해야 한다. 여기서 코치의 교훈적인 가르침은 최소한으로 유지되어야 한다. 짧고 탐색적인 질문은 피코치의 독립적인 사고를 촉진하고 기술에 대한 의존도를 줄이기 위해 사용될 수 있다. 즉, 피코치가 EPF-REBC의 특정 문제 영역을 다루는 회기 간의 경험을 논의할 때 코치는 다음과 같은 일련의 질문을 할 수 있다.

- 방해를 받았다고 느끼면 무슨 일이 일어나는가?
- 그 상황에서 가장 불편했던 것은 무엇인가?
- 그 일이 일어났을 때 기분이 어떤가?
- 그 느낌을 뒷받침하는 경직되고 극단적인 태도는 무엇인가?
- 대안적인 유연한 태도 및/또는 극단적이지 않은 태도는 무엇인가?
- 이 두 가지 태도를 어떻게 점검했는가?
- 태도를 점검한 후 어떻게 행동했는가?
- 유연하고 극단적이지 않은 태도를 강화하기 위해 어떻게 행동할 수 있었는가?

코치가 촉진적 입장을 취하게 되면, 직접적인 개입 없이도 피코치가 이와 같은 순서를 스스로 적용해 볼 수 있도록(문서화된 지침서를 제공할 수도 있다) 시도할 수 있다. 또한 피코치가 어려워한다면, 코치는 피코치가 알고 있지만 실행할 생각을 하지 못했던 것을 적용하도록 유도하는 협의적인 역할을 좀 더 많이 시도할 수 있다.

일부 피코치는 적극적이고 지시적 수준의 코칭이 축소되었을 때 잘 반응하지 않을 수 있다. 이러한 피코치는 정서적 문제 해결사로서 독립적으로 기능할 수 있는 자신의 능력에 대한 의심을 품고 있기 때문에(EPF-REBC에서), 코치와 종속적인 관계를 형성하는 경향이 있다. 코치는 이러한 문제를 가진 피코치가 과거 스스로 특정 어려움을 성공적으로 극복했던 사례를 질문하여 이와 같은 의심을 해결할 수 있으며, 코치는 이를 활용하여 피코치의 독립적 노력이 증가된 데 대한 근거로 제시할 수 있다. 피코치가 특정 문제 영역을 다루는 데 있어 완전히 고착된 것처럼 보인다면, 코치는 일시적으로 적극적-지시적 코칭으로 되돌아갈 수 있다. 이 문제 영역에 대한 작업이 진행됨에 따라 코치는 점진적으로 문제 해결의 책임을 피코치에게 돌려주게 된다. 코치가 여러 회기에 걸쳐 코칭 활동이나 방향성 제시 수준을 축소하는 데 성공한다면, 이제 코칭의 종결을 향한 작업 단계를 시작하는 것이 적절할 것이다.

다음 장이자 이 책의 마지막 장에서는 코칭 프로세스의 종결과 이를 평가하는 문제를 다룰 것이다.

종결 및 추수 작업

이 마지막 장에서는 REB 코치가 REBC 프로세스의 종결을 향해 어떻게 피코치와 작업을 하는지에 대해 논의할 것이다. 또한 추수 작업과 REBC의 평가에 대해서도 다룰 것이다.

1. REBC 프로세스의 종결

피코치가 발달-기반 목적과 문제-기반 목표의 일부 또는 대부분을 달성하고 유지하는 데 진전을 보이고 학습 내용을 다른 삶의 영역으로 일반화할 수 있다는 증거를 확인한 후에 셀프 코칭이 가능해지면, 코치와 코치가 어떻게 종결을 할지 이야기할 시점이 되었다는 것이다. 물론 코치가 피코치와 맺은 코칭 계약에서 종결 과정이 이미 명시되었을 수도 있지만, 그렇지 않다면 프로세스의 공식적인 종결 훨씬 이전에 이를 논의할 필요가 있다. 종종 REB 코치와 피코치는 피코치가 목표를 향한 진전을 보이고 그 과정에서 좀 더 자율적이 되고자 할 때, 합의하에 만남의 횟수를 줄인다. REB 코칭을 종결하는 단 하나의 올바른 방법은 없다. 종결은 '좋은 것'이 돼야 하고, 이는 코치와 피코치 사이에 충분히 논의되고 합의가 됐을 때 가능하게 된다.

마지막 회기에서, 코치는 피코치에게 코칭 프로세스에서 어떤 일이 일어났는지, 그리고 그 과정에서 무엇을 배웠는지 요약할 수 있는 기회를 주는 것이 중요하다. 여기서 코치의 역할은 기본적으로 경청과 명료화이며, 피코치가 요약 및 학습 내용에서 다루지 않는 영역에 집중하도록 촉진하는 것이다. 또한 코치가 미완의 문제를 제기할 수 있는 기회를 주고 피코치가 이를 마무리할 수 있도록 돕는 것도 중요하다. 그리고 피코치의 요약과 학습 내용 진술에서 다루지 않았다면, 코칭 과정에서 무엇이 가치 있었고 무엇이 도움이 되지 않았는지에 대해 피코치의 피드백을 구하는 것도 마찬가지로 중요하다.

마지막으로, 코치는 추수 작업(follow-up)과 평가 문제를 피코치와 논의해야 한다.

2. 추수 작업

- 추수 작업은 피코치가 코치를 마지막으로 본 시점과 추수 회기 사이에 한 일에 대해 피드백을 받을 기회를 제공한다.
- 피드백 회기가 예정되어 있다는 것을 알면 피코치는 코치에 대한 배려와 연결감을 느낄 수 있다.

- 추수 회기는 발달-기반이든 문제-기반이든 필요한 경우 피코치가 더 많은 코칭 도움을 요청할 수 있는 기회를 제공한다.
- 추수 회기는 코치와 코치가 일하는 조직이 결과 평가(코치가 어떻게 수행했는지)를 수행할 수 있도록 한다. 코치의 활동에 대해 결과를 어떻게 측정할 것인지, 어떤 형태를 사용할 것인지에 대해 생각해 볼 수 있다.
- 추수 회기는 서비스 평가 자료(코치가 제공한 도움에 대한 생각)를 제공하며, 이는 코치와 코치가 일하는 조직에서 서비스를 개선하기 위해 활용될 것이다.

필자는 코칭이 끝난 후 3개월 후 추수 회기를 갖는데, 이는 코치, 코치가 속한 조직의 서비스, 피코치에 따라 달라진다.

3. 평가

코칭을 평가하는 것은 복잡하고 이 책의 주제를 벗어난다. 코칭 평가와 관련된 문제에 대한 자세한 논의는 그레이(Gray, 2004)와 카터(Carter, 2006)를 참조할 수 있다. 결과 평가에 대한 필자의 접근 방식은 피코치와 함께 개별 측정 방식을 구성하여 발달-기반 목적 또는 문제-기반 목표와 관련해 사전 및 사후 코칭 자료를 제공하는 것으로, 이를 통해 목표를 달성하기 위한 피코치의 진행 상황을 모니터링할 수 있다.

이제 이 책을 마무리할 시간이다. 필자는 당신이 이 책을 재미있게 읽고 유익하다고 느꼈기를 바란다. 피드백은 windy@windydryden.com으로 보낼 수 있다.

참고문헌

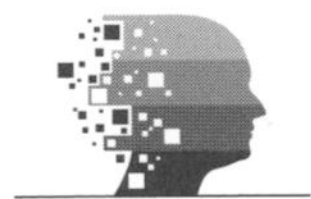

Beck, A. T. (1976). *Cognitive Therapy and the Emotional Disorders.* New York: International Universities Press.

Bordin, E. S. (1979). The generalizability of the psychoanalytic concept of the working alliance. *Psychotherapy: Theory, Research and Practice*, *16*, 252–60.

Carter, A. (2006). *Practical Methods for Evaluating Coaching.* Brighton: Institute for Employment Studies.

Cavanagh, M. J. (2005). Mental-health issues and challenging clients in executive coaching. In M. J. Cavanagh, A. M. Grant and T. Kemp (Eds.), *Evidence-Based Coaching: Theory, Research and Practice from the Behavioural Sciences* (pp. 21–36). Bowen Hills: Australian Academic Press.

Colman, A. (2015). *Oxford Dictionary of Psychology* (4th edition.). Oxford: Oxford University Press.

DiGiuseppe, R. A., Doyle, K. A., Dryden, W., & Backx, W. (2014). *A Practitioner's Guide to Rational Emotive Behavior Therapy* (3rd edition.). New York: Oxford University Press.

Dobson, D., & Dobson, K. S. (Eds.) (2017). *Evidence-Based Practice of Cognitive Behavior Therapy*. 2nd edition. New York: Guilford.

Dryden, W. (1985a). Cognition without ignition. *Contemporary Psychology*, *30*(10), 788-9.

Dryden, W. (1985b). Challenging but not overwhelming: A compromise in negotiating homework assignments. *British Journal of Cognitive Psychotherapy*, *3*(1), 77-80.

Dryden, W. (1999). Beyond LFT and discomfort disturbance: The case for the term 'non-ego disturbance'. *Journal of Rational-Emotive and Cognitive-Behavior Therapy*, *17*(3), 165-200.

Dryden, W. (2000). *Overcoming Procrastination*. London: Sheldon.

Dryden, W. (2006). *Counselling in a Nutshell*. London: Sage.

Dryden, W. (2009). *How to Think and Intervene Like an REBT Therapist*. Hove: Routledge.

Dryden, W. (2011a). *Dealing with Emotional Problems in Life Coaching: A Rational-Emotive and Cognitive Behaviour Therapy (RECBT) Approach*. Hove: Routledge.

Dryden, W. (2011b). *Counselling in a Nutshell*. (2nd edition.). London: Sage.

Dryden, W. (2011c). *Manage Your Anxiety Through CBT*. London: Hodder Education.

Dryden, W. (2015). *Rational Emotive Behaviour Therapy: Distinctive Features* (2nd edition.). Hove: Routledge.

Dryden, W. (2016). *Attitudes in Rational Emotive Behaviour Therapy: Components, Characteristics and Adversity-Related Consequences*. London: Rationality Publications.

Dryden, W. (2017). *The Coaching Alliance: Theory and Guidelines for Practice*. Abingdon: Routledge.

Dryden, W., & Neenan, M. (2004). *Counselling Individuals: A Rational Emotive Behavioural Handbook*. London: Whurr.

Eck, D. (2006). *What is pluralism?* http://pluralism.org/what-is-pluralism/ (accessed 14 June 2017).

Ellis, A. (1958). Rational psychotherapy. *Journal of Psychology*, *59*(1), 35-49.

Ellis, A. (1979). Discomfort anxiety: A new cognitive-behavioral construct (part I). *Rational Living*, *14*(2), 3-8.

Ellis, A. (1980). Discomfort anxiety: A new cognitive-behavioral construct (part II). *Rational Living*, *15*(1), 25-30.

Ellis, A. (1994). *Reason and Emotion in Psychotherapy*. Revised, Updated edition. New York: Birch Lane Press.

Frankl, V. (1984). *Man's Search for Meaning: An Introduction to Logotherapy*. New York: Simon & Schuster.

Garvin, C. D., & Seabury, B. A. (1997). *Interpersonal Practice in Social Work: Promoting Competence and Social Justice*. (2nd edition.). Boston: Allyn & Bacon.

Gessnitzer, S., & Kauffeld, S. (2015). The working alliance in coaching: Why behaviour is the key to success. *The Journal of Applied Behavioral Science*, *51*, 177-97.

Gray, D. E. (2004). Principles and processes in coaching evaluation. *International Journal of Mentoring and Coaching*, *2*(2), 1-7.

Gyllensten, K., & Palmer, S. (2007). The coaching relationship: An interpretative phenomenological analysis. *International Coaching Psychology Review*, *2*(2), 168-76.

Harrell, K. (2005). *Attitude Is Everything: 10 Life-Changing Steps to Turning Attitude into Action* (Revised edition.). New York: Harper Business.

Harrington, N. (2005). It's too difficult! Frustration intolerance beliefs and procrastination. *Personality and Individual Differences*, *39*, 873-83.

Horney, K. (1945). *Our Inner Conflicts: A Constructive Theory of Neurosis*. New York: W.W. Norton.

Iveson, C., George, E., & Ratner, H. (2012). *Brief Coaching: A Solution-Focused Approach*. Hove: Routledge.

Jones-Smith, E. (2014) *Strengths-Based Therapy: Connecting Theory, Practice and Skills*. Thousand Oaks: Sage Publications.

Joseph, S. (2013). *What Doesn't Kill Us: A Guide to Overcoming Adversity and Moving Forward*. London: Piatkus.

Kazantzis, N., Whittington, C., & Dattilio, F. (2010). Meta-analysis of homework effects in cognitive and behavioral therapy: A replication and extension. *Clinical Psychology: Science and Practice*, *17*, 144-56.

Lazarus, A. A. (1993). Tailoring the therapeutic relationship, or being an authentic chameleon. *Psychotherapy: Theory, Research and Practice*, *30*, 404-7.

Leahy, R. L. (2017). *Cognitive Therapy Techniques: A Practitioner's Guide* (2nd edition.). New York: Guilford Press.

McCrae, S. M., Liberman, N., Trope, Y., & Sherman S. J. (2008). Construal level and procrastination. *Psychological Science*, *19*, 1308-14.

Neenan, M. (2008). Tackling procrastination: A REBT perspective for coaches. *Journal of Rational-Emotive and Cognitive-Behaviour Therapy*, *26*, 53-62.

Neenan, M., & Palmer, S. (Eds.) (2012). *Cognitive-Behavioural Coaching in Practice: An Evidence Based Approach*. Hove: Routledge.

O'Broin, A., & Palmer, S. (2010). The coaching alliance as a universal concept spanning conceptual approaches. *Coaching Psychology International*, *3*(1), 3-6.

Palmer, S. (2008). The PRACTICE model of coaching: Towards a solution- focused approach. *Coaching Psychology International*, *1*(1), 4-6.

Rogers, C. R. (1957). The necessary and sufficient conditions of therapeutic personality change. *Journal of Consulting Psychology*, *21*, 95-103.

Spada, M. M., Hiou, K., & Nikcevic, A. V. (2006). Metacognitions, emotions and procrastination. *Journal of Cognitive Psychotherapy: An International Quarterly*, *20*, 319-26.

Whitten, H. (2009). *Cognitive Behavioural Coaching Techniques for Dummies*. Chichester: John Wiley & Sons.

찾아보기

인명

내용

저자 소개

Windy Dryden

파트타임 임상 및 상담을 하고 있으며 인지행동치료(CBT)의 국제적 권위자이다. 그는 국제코칭심리학협회의 명예부회장이며, 2014년에는 국제인지행동코칭협회의 명예회원이 되었고, 런던 골드스미스 대학교의 심리치료 연구 명예교수이다. 그는 40년 이상 치료 전문가로 활동했으며, 215권이 넘는 책의 저자이자 편집자이다.

감수자 소개

박경애(Park, Kyungae)

한국상담심리학회, 한국상담학회 수련감독자이다. 학교상담학회장을 역임한 바 있으며, 현재 광운대학교 교육대학원 상담심리, 심리치료교육 전공 주임교수 및 동 대학교 일반대학원 교육학과 상담교육 학과장으로 재직 중이다. 1995년 엘리스연구소에서 Ellis Scholar로 선정되는 영예를 얻어, 1997년 REBT 지도감독 자격증(Supervisory Certificate)을 취득하였다. 2019년에는 한국REBT인지행동치료학회를 창설하여 회장으로 취임하였으며, 한국REBT인지행동치료 상담센터(www.rebt.kr)에서 슈퍼바이저로 활동하며 REBT 전문가를 양성하고 있다. 『인지정서행동치료』(2022), 『인지정서행동치료(REBT)와 집단상담: REBT 집단상담의 실제를 중심으로』(2020) 등 다수의 인지정서행동치료 관련 저 · 역서를 편찬하였다.

역자 소개

최승미(Choi, Seungmi)

고려대학교에서 심리학 석사 및 박사학위를 받았으며, 임상심리전문가, 정신보건 임상심리사 1급, REBT인지행동치료전문가 자격을 갖고 있다. 인제대학교 서울백병원 수련감독자를 거쳐 현재는 광운대학교 교육대학원에서 초빙교수로 재직 중이며 한국REBT인지행동치료학회의 편집위원장을 맡고 있다.

백지은(Baek, Jieun)

고려대학교에서 심리학 석사 및 광운대학교에서 교육학 박사학위를 받았으며, 전문상담사 1급, 상담심리사 1급, 청소년상담사 1급 및 REBT인지행동치료전문가 자격을 갖고 있다. 현재는 스위스재보험에서 소비자 행동 심리 기반 R&D담당 이사로 재직 중이며, 광운대학교 교육대학원 상담심리전공 겸임교수를 맡고 있다.

REBT 합리적 정서행동 코칭의 이해

Rational Emotive Behavioural Coaching:
Distinctive Features

2023년 10월 25일 1판 1쇄 인쇄
2023년 10월 30일 1판 1쇄 발행

지은이 • Windy Dryden
감수자 • 박경애
옮긴이 • 최승미 · 백지은
펴낸이 • 김진환
펴낸곳 • ㈜학지사
04031 서울특별시 마포구 양화로 15길 20 마인드월드빌딩
대표전화 • 02-330-5114 팩스 • 02-324-2345
등록번호 • 제313-2006-000265호

홈페이지 • http://www.hakjisa.co.kr
인스타그램 • https://www.instagram.com/hakjisabook

ISBN 978-89-997-3002-3 93180

정가 16,000원